I0633379

DONDE LA LUZ ES VIOLETA

WHERE THE LIGHT IS VIOLET

by Xánath Caraza

Translated by Sandra Kingery

MAMMOTH PUBLICATIONS, LAWRENCE, KANSAS

© 2016   Xánath Caraza, text
© 2016   Sandra Kingery, English translation

No part of this book may be reproduced in print or electronic form
without permission of the author, except for short excerpts for review
purposes. The author may be contacted through the press.

ISBN: 978-1-939301-69-7

Mammoth Publications
1916 Stratford Road
Lawrence, Kansas 66044 4540
For inquiries and orders: mammothpubs@gmail.com

www.mammothpublications.net

Versions of these poems have been published in the following literary
journals: "Agua de luna", "Luz del mar" and "Cadenciosa poesía
corporal" in *Diálogo*, DePaul University, Chicago; "Redes blancas" and
"Aguacero" in *Ventana abierta*, University of California-Santa Barbara;
"Atardecer de sangre" in *Revista Bimestral Zona de Ocio*, México; "Tiene
frío" in *Bitácora de vuelo*, México; "Mármol blanco," "Chispea en el aire,"
"El lienzo," and "Viento en el rostro" in *Revista Literaria Monolito*, México.

Cover art by Debra Werblud from "Limbo", a video installation at
Studio d'Arte Contemporanea Pino Casagrande, Rome, 2005;
photograph by Donald Dietz

Author photograph by Stephen Holland

Es la brisa un revuelo de trinos y perfumes
en la abrileña tarde de sosiego.
Dicen los ruiseñores
melancólicas cuitas a las aguas
policromadas; danzan
delicados nenúfares al ritmo
de las prudentes olas; y un crepúsculo
de púrpuras y lirios
desmaya en lontananza...

Enrique Morón

The breeze is a fluttering of birdsong and perfumes
in the serenity of an April afternoon.
Nightingales tell
melancholy troubles to polychrome
waters; delicate
waterlilies dance to the rhythm
of prudent waves; and a twilight
of purples and irises
swoons at a distance...

Enrique Morón

POETRY, WHEN LIGHT ISN'T ENOUGH

Magnificent story in verse through some of the most important locations visited by the author in Italy. She was invited by the Palabra en el Mundo Festival in Venice in May this year (2015) and took advantage of the opportunity to get to know our country even better, staying for two months, discovering the beauty that not even Italian poets or the majority of the Italian people make the effort to capture.
Light is in the eyes of the person who writes and probably also in the eyes of those who dare to read. These verses rekindle the desire to visit our country to follow the word of this poet:

> *Where Are You, Poetry? / Tambourines and Bells / Emptiness*
> *A Gondola Passes /Acqua alta / Sapphire / Smoke / Music as a Pathway*

Like Goethe, Piovene, and Lawrence, Xánath renews a tradition, which may be disappearing over time, of two languages that have come into contact: Italian and Spanish; both, rich in colors, of intense, white, dazzling lights. She uses those languages to compare places that may be similar to her land of origin. In this way, the trip in Italy becomes a journey through time, through history, literature, art, with the influence and love of civic responsibility that began in Veracruz and has never stopped, since she now teaches and lives in the state of Missouri.

> *Vivid poetry, yellow syllables / currents of light I discover and verses of*
> *golden energy / harmonious corporeal poetry / pulsates with light*

The Spanish language is a gift that has invited me to love it since 1970—when many young people discovered the poetry of Lorca, Pacheco, Machado, Aleixandre, Salinas—until I discovered it in the opera of Fernando Arrabal and translated it, in spite of not having fully mastered the Spanish language. But poetry and poets that come into contact almost always have a common language, the language of the gaze, what they observe; and it is through the gaze that the encounter with Xánath's poetry and her person becomes a unique experience.
As befits poetic magic, just a month after meeting her in Mantua, Xánath approached me with a question. I had pages of Spanish-language poetry spread across my table since I was in the process of rediscovering one of those previously mentioned authors —Pacheco, who has been widely published, only surpassed by Lorca. When

Xánath contacted me, I was just about to reclaim that language, a language that is so musical, so warm, one of the most beautiful languages in the world, alongside Italian, a language with which poets can express themselves fluently. It felt immediately natural to interpret Xánath's verses, almost on the spot, pursuing the magic that had returned to me and touched my life after receiving her email where she asked me if I was available to write something for this, her new book of poetry, *Donde la luz es violeta / Where the Light is Violet*, at precisely the same time as I was surrounded by the Spanish language.

> *Vivid poetry, yellow syllables / currents of light discover and verses of golden energy / harmonious corporeal poetry / pulsates with light*

Xánath represents not only the Spanish language or her country, Mexico, but also the civic struggle of a people, which is perceived more fully in her previous books. But the book presented here is, in reality, a gift to a country that saw the birth of Virgil, of Catullus and even Dante Alighieri, who therefore accompany it, page after page, from May to July—when the poet departed—with locations throughout what is, as we have already mentioned, an enchanted country and with the beauty that many Italians have forgotten they possess. For poetry to be indispensable, it should meet not only the needs of the poet, as frequently occurs, but a more universal need. From Venice to Mantua, from Florence to Rome to Naples, it is as if we had been granted a guide to natural beauty and human accomplishment in every one of her verses, every one of her strophes, throughout Xánath's poetry.

But her language merges together, it shatters, it is composed both of poetry from the Americas, mixing with its traditions, and from a culture that is so diverse, so thickly "combative" until a new poetic language is created, a language that is both hers alone and universal. She tells us of herself, she observes, almost like a photographer of places, objects, people. She brings us a new and diverse story in order to revitalize and revisit it: this is the place of the poet.

The silence of the sea and the lights in Venice, the walls and marble of the fortunate emperor Hadrian and the cold she-wolf of Romulus and Remus in Rome, story after story that form a human narrative.

> *It...shatters the sunlight / that crosses the room / and I think of you and hear you / On the streets a tango / reaches its climax / then / Edith Piaf feels / no regret / Only love / and that delicate feather / it sparks in the air*

The poetic journey continues as she returns once again to Mantua and to Venice, taking notes that become short and intense stories like the startling beauty that appears before her in endless diversity. But it is the author's world that is completely immersed in this journey, making her, as well as the reader, discover that we are not simply eyes and ears to see and hear but also an obligation in this accumulation of memory and imagination.

Xánath has received important awards for her poetic work, however, this time, she is the one giving us the award, a present of lights, colors, stories, all of it naturally accompanied by the vigor of her writing.

Beppe Costa, poet, novelist and publisher of Pellicanolibri
Rome, Italy, August 22, 2015

POESÍA, CUANDO LA LUZ NO BASTA POR BEPPE COSTA

Magnífico relato en verso a través de algunos de los más importantes lugares italianos visitados por la autora quien invitada por la Palabra en el Mundo en Venecia en mayo de este año (2015) ha aprovechado para conocer todavía mejor nuestro país, permaneciendo por dos meses, descubriendo aquellas bellezas que ni los poetas italianos ni la mayor parte del pueblo se aventuran a capturar.

La luz está en los ojos de quien escribe y probablemente de quien se arriesgue a leer, estos versos reviven el deseo de visitar el país al seguir la palabra de la poeta.

> *¿Dónde estás poesía? / Tamborinas y sonajas / Vacío*
> *Una góndola pasa / Acqua alta / Zafiro / Humo / Música como sendero*

Xánath renueva a la par de Goethe, Piovene, Lawrence, una tradición—que quizá está desapareciendo en el tiempo—de dos lenguajes que se encontraron: el italiano y el español; ambos, ricos en colores, de luces espesas, blancas y deslumbrantes, los usa para comparar otros lugares, posiblemente similares a su tierra de origen. Es así que el viaje en Italia se convierte en un viaje a través del tiempo, de la historia, de la literatura, del arte, con la influencia y amor a la responsabilidad civil iniciada en Veracruz y nunca concluida, ya que ahora enseña y vive en el estado de Missouri.

> *Flamígera poesía, sílabas amarillas / Corrientes de luz descubro y*
> *Versos de dorada energía / Cadenciosa poesía corporal / Pulsa con la luz*

La lengua española es un regalo que me ha invitado a amarla desde 1970 cuando muchos jóvenes descubrieron los versos de Lorca. Pacheco, Machado, Aleixandre, Salinas hasta encontrarla en la ópera de Fernando Arrabal y traducirla, a pesar del mínimo conocimiento de la lengua española. Mas la poesía y los poetas que se han encontrado casi siempre tienen un lenguaje común, aquel de las miradas, lo que observan; y es, a través de la mirada, que el encuentro con la poesía de Xánath y su persona, se convierten en una experiencia única.

Propio de la magia poética, a tan sólo un mes de haber conocido a la autora en Mantúa, Xánath me hizo una pregunta. Yo tenía hojas de poesía en español esparcidas en la mesa, redescubría uno de esos autores mencionados previamente—Pacheco quien ha sido ampliamente publicado y rebasado solamente por Lorca—estaba por reposeer esa lengua tan musical, tan cálida, entre las más bellas del mundo, al mismo tiempo que la italiana, con la cual los poetas pueden expresarse fluidamente cuando Xánath se comunicó conmigo. Fue inmediatamente natural interpretar, casi al instante, los versos de la autora, siguiendo aquella magia que volvió a mí y tocó la vida y después de recibir su email, donde me preguntó si estaba disponible para escribir cualquier cosa para éste, su nuevo poemario, *Donde la luz es violeta*, al tiempo, como he dicho, de estar rodeado de lengua española.

Flamígera poesía, sílabas amarillas / Corrientes de luz descubro y
Versos de dorada energía / Cadenciosa poesía corporal / Pulsa con la luz

Xánath no es solo lengua en español, ni su país, México, sino también la lucha civil de un pueblo, lo cual se percibe más en sus libros anteriores. Mas éste que aquí se presenta, es, en realidad, un regalo a un país que vio nacer a Virgilio, a Catulo hasta a Dante Alighieri, y que acompañan, por lo tanto, página tras página, de mayo a julio—cuando la poeta partió—con lugares de este país de encanto, como decíamos, de aquellas bellezas que muchos italianos han olvidado que poseen. A fin de que la poesía sea indispensable, ésta no debe responder solo a la necesidad del poeta, como frecuentemente sucede, sino a una necesidad más universal. De Venecia a Mantúa, de Florencia a Roma hasta Napoles, es como si recibiésemos una guía de la belleza natural y de la obra del hombre a través de cada uno de sus versos, de cada una de sus líneas, de la poesía de Xánath.

Mas su lengua se funde, se fragmenta, se compone tanto de la poesía americana, mezclándola con sus tradiciones, como de una cultura tan diversa, tan espesa "combativa" hasta formar un nuevo lenguaje poético, propio y más universal. Ella nos cuenta de sí misma, observa, es casi fotógrafa de lugares, de objetos, de personas, trayéndonos, por lo tanto, una historia diversa y nueva para revivirla y revisitarla: éste es el lugar del poeta.

El silencio del mar y las luces en Venecia, los muros y el mármol del afortunado emperador Adriano y la fría loba de Rómulo y Remo en Roma, historia tras historia que forman una narrativa humana.

Rompe el rayo / que atraviesa la sala / y te pienso y te escucho / En la calle un
tango / llega a su clímax / luego / Edith Piaf sin / ningún arrepentimiento /
Sólo amar / Y la delicada pluma / chispea en el aire

Prosigue el viaje poético al regresar, una vez más, a Mantúa y a Venecia, toma notas que se convierten en breves e intensas historias como la sobrecogedora belleza que aparece frente a ella. cada vez de manera diversa.

Mas es el mundo de la autora el que se sumerge totalmente en este viaje, haciéndola descubrir, y también al que lee, que no somos unicamente ojos y orejas para ver y escuchar sino un deber ser en esta adición de memoria e imaginación.

Xánath ha recibido algunos premios importantes por su trabajo poético sin embargo, en esta ocasión, es ella quien premia, regalándonos luces. colores, historias y, naturalmente, todo esto acompañado de la fuerza de su escritura.

Beppe Costa. poeta, novelista y editor de Pellicanolibri
Roma, Italia, 22 de agosto de 2015

Índice / Contents

xi

CADENCIOSA POESÍA CORPORAL

Cadenciosas sílabas corporales son luz
áureos ritmos líquidos en el vientre
sangre pulsante brilla en las venas
incandescentes rayos en la piel
la vista con la mañana se enciende

Amanecer escarlata incinera el pasado
la aurora deposita vida en el cuerpo
renace la sagrada luminosidad
invoco tu fuerza cada mañana
azafranados filamentos, sílabas de tu canto

Halo dorado recorre la delicada silueta
deslumbran los ritmos luminosos
cubierta de centellas me protege la luz
en la sangre se funde la claridad del nuevo día
se hincha en los pechos, se desborda

Luz brotas de lo divino, fuerza incontenible
entretejida con los arabescos de la voz
del corazón emana la cegadora estrella
aurora boreal en el vientre pulsa
dar a luz lo sublime, fulgor apasionado

Versos de filigrana en la poesía
el vuelo de la mariposa en la garganta
sílabas de oro líquido la inundan
frágil aleteo baña de calor
parir lo divino, áurea poesía

Flamígera poesía, sílabas amarillas
corrientes de luz descubro y
versos de dorada energía
cadenciosa poesía corporal
pulsa con la luz

15 de mayo de 2016

14

HARMONIOUS CORPOREAL POETRY

Harmonious corporeal syllables are light
golden liquid rhythms in the belly
pulsating blood shining in veins
incandescent sunlight on the skin
the view is lit with morning

Scarlet sunrise incinerates the past
daybreak, delivers life to the body
sacred luminosity is reborn
I invoke your strength every morning
saffron-colored filaments, syllables of your song

Golden halo traverses the delicate silhouette
luminous rhythms dazzle
covered with sparks I am protected by the light
the brightness of the new day merges with my blood
it expands in my breasts, overflows

Light, you spring from the divine, uncontainable force
entangled with arabesques of the voice
your blinding star radiates from the heart
aurora borealis pulsates in the belly
giving birth to the sublime, impassioned splendor

Filigree verses in poetry
fluttering butterfly in the throat
syllables of liquid gold inundate
fragile wingbeat awash in heat
birthing the divine, golden poetry

Vivid poetry, yellow syllables
currents of light I discover and
verses of golden energy
harmonious corporeal poetry
pulsates with light

May 15, 2016

CAMPANADAS DE BRONCE

Desgarran la luz entre las hojas de la higuera en mi ventana. Estremecen el corazón, trémula sangre de bronce. La imaginación se enaltece, una palabra, otra y otra más. Luz de la mañana manifiéstate con metálicas campanadas en la distancia. Canta en el silencio, grita lo impronunciable. Ahoga los besos en agua. Mira en la profundidad del canto acuático, canción de muertos, oscuro fondo del mar. Canto ahogado, agua en la garganta, agua en los ojos, agua verde, agua salada, agua azul en el dolor. Agua que bulle, agua que canta, agua evaporada. Los labios se hinchan con la textura de los sueños, oníricos grabados en el silencio de la piel, cuerpo de agua fluye.

Isla de Murano, Venecia, Veneto, Italia, 16 de mayo de 2015

Bronze Chiming of the Bells

They shred the light between the leaves of the fig tree in my window. They agitate the heart, tremulous bronze blood. Uplift the imagination, one word, another and another. Morning light, make yourself known with the distant metallic chiming of the bells. Sing into the silence, shout the unpronounceable. Drown kisses in water. Gaze into the depths of aquatic melody, song of deaths, dark depths of the sea. Stifled song, water in the throat, water in the eyes, green water, salt water, blue water of pain. Water at a boil, water that sings, evaporated water. Lips swell with the texture of dreams, oneiric engravings on the silence of the skin, body of water flows.

Murano Island, Venice, Veneto, Italy May 16, 2015

MURANO POR LA MAÑANA

Canto de sirenas
y aleteo de gaviotas
su llamado marino sugiere
seguirlas hasta no parar
Murano, la piel penetras
con tu delicado sabor esmeralda
agua espesa, profunda
canales y pequeños puentes
al Adriático llevan
mis huellas impregnan las calles
en la mañana silenciosa
cuando sólo el mar y yo nos
encontramos en la mirada
es el lenguaje de las aves
el que también llama
rápido trinar, lento llanto
aire turquesa es la luz del fondo del mar
abundante humedad en la atmósfera
la llevo en mi interior
la siento en la piel de bronce
vibración y ritmos del mar me encuentran
su vaivén me seduce
Adriático mar, luz esmeralda
opalescentes sentimientos
los busco entre las algas
los siento en la espalda
sentimientos flotan cerca
de las barcas doradas
llenan el alma
tinta sepia en el paladar
con ella marco las páginas
con ella conjuro tu nombre
en silencio, sólo para mí

Isla de Murano, Veneto, Italia, 16 de mayo de 2015

MURANO IN THE MORNING

Siren song
and seagulls winging
their marine calls suggest
following them without end
Murano, you penetrate the skin
with your delicate emerald flavor
deep water, dense
canals and small bridges
lead to the Adriatic
my footprints fill the streets
in the silent morning
when the sea and I
gaze upon each other alone
it's the language of the birds
that also calls
rapid warbling, slow sobs
turquoise air is the light of the depths of the sea
abundant humidity in the air
I carry it inside me
feel it on my bronze skin
vibration and rhythms from the sea discover me
its back and forth motion seduces me
Adriatic Sea, emerald light
iridescent sentiments
I seek them among the seaweed
sense them on my back
sentiments float close
to the golden boats
they fill the soul
sepia ink on my palate
with it I mark the pages
with it I conjure your name
in silence, just for me

Murano Island, Veneto, Italy May 16, 2015

VENECIA

Para Giuliana Grando

Agua verde corre por las calles de mi bermejo corazón
pienso en ti, Venecia de calles líquidas, turquesa acuática
de opalescentes sonidos, de lacustres aromas, de esmeralda y limón.
Áurea Venecia y poesía marina enterradas en las pupilas violetas.

Ciudad de Venecia, Veneto, Italia, 16 de mayo de 2015

VENICE
　　　For Giuliana Grando

Green water races through the streets of my crimson heart.
I think of you, liquid-streeted Venice, aquatic turquoise
of iridescent sounds, of lacustrine aromas, of emerald and lime.
Golden Venice and marine poetry entombed in violet pupils.

　　　City of Venice, Veneto, Italy May 16, 2015

REDES BLANCAS

Agitadas corrientes lacustres de palabras
escritura perdida en las blancas páginas
eco de sonoro canto de los labios brota
con un sólo destino

Sedientos labios hinchados por la humedad
solitario arrullo marino los acompaña
el vaivén de estas lagunas
fluye entre las manos que escriben

Tormenta en la distancia se vislumbra
capturada por las aisladas palabras
estas aguas como Tritón desbocado
oscilan cada día en las páginas

Palabras enterradas en el lacustre espacio
aprisionadas en el fondo del mar
iridiscentes redes blancas las rescatan
cardumen de sílabas rotas moldeo

Isla de Murano, Veneto, Italia, 17 de mayo de 2015

WHITE NETS

Turbulent lacustrine currents of words
writing lost on white pages
echo of resounding chant springs from lips
with a singular destiny

Thirsty lips swollen by humidity
solitary marine lullaby the undulation of
the lagoons accompanies them
it flows through the hands that write

Storm spotted in the distance
captured by isolated words
these waters like Triton unleashed
they oscillate every day on the page

Words entombed in the lacustrine space
imprisoned in the depths of the sea
iridescent white nets rescue them
I shape boatloads of broken syllables

Murano Island, Veneto, Italy May 17, 2015

LA SEÑAL

Pido una señal
esta mañana
el silencio
el silencio
el silencio
el silencio

Deseo una flor
y las frondas verdes
abundantes
se desbordan
una lagartija se mueve
entre las hojas
pequeña criatura
me descubre
se esconde
ser divino
amante desprevenido
de la luz
diminuta lagartija de agua
entre las hojas verdes

Pido un poema
el silencio
el silencio
el silencio
el silencio

Shhhhh shhhh shhh

Isla de Murano, Veneto, Italia, 18 de mayo de 2015

THE SIGNAL

I ask for a signal
this morning
silence
silence
silence
silence

I desire a flower
and the abundant
green foliage
overflows
a lizard moves
among the leaves
little creature
discovers me
it hides
divine being
startled lover
of light
tiny water lizard
among the green leaves

I ask for a poem
silence
silence
silence
silence

Shhhhh shhhh shhh

Murano Island, Veneto, Italy May 18, 2015

SERES DE AGUA

Seres de agua viajan
en la corriente turquesa
en las densas vías acuáticas

Seres de agua transitan las pegajosas
y contundentes rutas de la mente
masculinas palabras

Seres de agua de los canales lacustres
rotundos pechos, Tritones a la caza
Neptunos en marcha

Seres de agua que respiro en la noche
me acechan, cazadores de poesía
océanos furiosos

Seres de agua que expulsan caudalosos ríos
emanan cascadas, mares incontenibles
sal y arena en las venas

Seres de agua, hierro y ojo de pez en la sangre
aroma a algas marinas
sólo uno era mío, sólo uno he perdido

Seres de agua, de agua mansa, agua brava
agua turquesa, agua espesa, agua ópalo
canales de agua, agua muda, masculinas corrientes

Seres de agua efímera, contundentes tritones
Poseidones embravecidos, sólo uno, de agua era mío
sólo uno de agua he perdido

Ser de agua fluyó de entre mis manos
se escurrió de entre los dedos
en el silencio del mar lo he perdido

Seres de agua imaginaria que expulsan
caudalosos ríos, fría luz del fondo del mar
uno, sólo uno, por dios, era mío

Isla de Murano, Venecia, Veneto, Italia, 18 de mayo de 2015

CREATURES OF WATER

Creatures of water travel
on turquoise currents
in dense waterways

Creatures of water travel the clingy
compelling routes of the mind
masculine words

Creatures of water of lacustrine canals
emphatic chests, Tritons on the hunt
Neptunes on the go

Creatures of water that I breathe in the night
stalking me, hunters of poetry
furious oceans

Creatures of water expelling fast-flowing rivers
exuding cascades, uncontainable seas
salt and sand in the veins

Creatures of water, iron and fish eye in the blood
scent of seaweed
only one was mine, only one was lost

Creatures of water, of calm water, turbulent water
turquoise water, thick water, opal water
canals of water, silent water, masculine currents

Ephemeral creatures of water, compelling tritons
infuriated Poseidons, only one water creature was mine
only one water creature was lost

Creature of water streamed between my hands
slipped between my fingers
I lost it in the silence of the sea

Creatures of imaginary water that expel
fast-flowing rivers, cold light of the depths of the sea
one, only one, dear god, was mine

Murano Island, Venice, Veneto, Italy May 18, 2015

LUZ DEL MAR

La luz del mar es canto doloroso
el Adriático me envuelve
paso frente a los cuerpos petrificados
el rumor de las olas es nada
la luz del mar me encuentra
el cielo se abre contigo
en mis pensamientos la fuerza
de tus manos, la suavidad de tu aliento
te pienso en un vaivén de recuerdos
nublados, confusos
el silencio del mar
contundente canto marino
profundidad esmeralda
enredada con mis miedos
mis miedos, mis miedos, la distancia
la distancia entre tus manos y las mías
fuego líquido en mis venas, lumbre en los dedos
se expande, se expande, palpita con ese mar
que come los cuerpos.

Isla de Murano, Veneto, Italia, 18 de mayo de 2015

LIGHT OF THE SEA

The light of the sea is a painful song
the Adriatic envelops me
I walk before petrified bodies
the murmur of waves is nothing
the light of the sea discovers me
the sky opens alongside you
in my thoughts the strength
of your hands, the softness of your breath
I think of you in a whirlpool of memories
cloudy, confused
the silence of the sea
compelling marine song
emerald depths
entangled with my fears
my fears, my fears, the distance
the distance between your hands and mine
liquid fire in my veins, flames in my fingers
it expands, it expands, throbbing with the sea
that devours bodies.

Murano Island, Veneto, Italy May 18, 2015

SAL

Enuncio la palabra Roma y ahí está
frente a mí el Foro Romano
el centro del poder
me repito, el Foro Romano
la sal que curtía la carne
la sal de las espaldas marcadas
de los hombros que levantaron
su peso en grano
pienso que es un día soleado
que la poesía se esfuma
un canto se disuelve en la atmósfera
como sal en la onírica corriente de hoy

Roma, Italia, 19 de mayo de 2015

SALT

I utter the word Rome and there it is
before me the Roman Forum
the center of power
I tell myself again, the Roman Forum
the salt that cured meat
the salt of scourged backs
of men who lifted
their weight in grains
I think of the sun
of poetry that vanishes
a chant dissipates in the air
like salt in the oneiric current of the day

Rome, Italy May 19, 2015

VILLA ADRIANA
Para Zingonia

Aroma a verde romero, regaliz y pinos
en el viento que corre entre
los muros de Villa Adriana.
Los montes Tiburtinos custodian esta morada
cadenciosa luminosidad se arrulla en las cúpulas
derruidas por el tiempo, fascinan la mirada.

Las palabras faltan para describir tu grandeza
Emperador arquitecto, Adriano de Itálica.
Amante de la poesía, Horacio en tus lecturas
tu amor por la estética vive a través de los siglos.
Delfines de mármol policromado en los muros
belleza es la esencia de este lugar.

En los muros tonos rojos retan al tiempo
peces anaranjados nadan en los estanques vacíos
entre las erectas y exquisitas columnas de mármol
de tu solitario palacio, Adriano.
Mosaicos simétricos enaltecen el delicado andar,
malaquita y coral celebran tu sensibilidad.

Entre las amarillas flores silvestres y las rojas amapolas,
a pesar de los siglos, Villa Adriana, sigue esplendorosa
embriaga los sentidos. Música nace en las frondas con el viento
acompaña el andar silencioso de los mortales.
Rayos de sol, como cascada, impregnan los muros que
estudiosos del arte reproducen en sus pergaminos.

Monstruo de mármol negro en la esmeralda piscina
cocodrilos blancos, cristalinas cascadas acompañan
columnas humanas, sublime filigrana de mármol
antigua poesía contenida en el agua
y entre los viandantes, Marguerite Yourcenar toma notas
en silencio, imaginando los años dorados, igual que yo.

Roma, Italia, 20 de mayo de 2015

HADRIAN'S VILLA
For Zingonia

Scent of green rosemary, licorice and pines on
the wind that runs between
the walls of Hadrian's Villa.
The Tiburtine mountains guard this abode.
Harmonious luminosity murmurs in the domes.
Demolished by time, they fascinate the gaze.

There are no words to describe your grandeur
Emperor architect, Hadrian of Italica.
Lover of poetry, Horace, in your readings
your love for aesthetics lives through the centuries.
Polychrome marble dolphins on the walls,
beauty is the essence of this place.

Red-toned walls challenge time,
orange colored fish swim in empty ponds
between exquisite upright marble columns
in your solitary palace, Hadrian.
Symmetrical mosaics elevate the delicate journey,
malachite and coral celebrate your sensitivity.

Among the yellow wildflowers and red poppies,
in spite of the centuries, Hadrian's Villa remains radiant.
It intoxicates the senses. Music is born in the wind-swept foliage,
it accompanies mortals' silent steps.
Rays of sunshine, like a cascade, soak the walls
that students of art reproduce on vellum.

Black marble monster in the emerald pool,
white crocodiles, crystalline cascades accompany
human columns, sublime filigree marble,
ancient poetry contained in the water
and amid the passersby, Marguerite Yourcenar takes notes
in silence, imagining the golden years, as do I.

Rome, Italy May 20, 2015

MÁRMOL BLANCO

El canto de las esculturas
distrae los recuerdos
tregua en la nívea distancia
ver sin ver entre las piezas
envuelve de tranquilidad.

Cuerpo fragmentado
un pie abandonado
una cara desmembrada
andar sigiloso sobre
el mármol blanco.

Respirar sosegado
entre el fauno rojo
y los centauros negros.

Deambulo con Sabina y Adriano
un mar zafiro ruge a lo lejos.
Silencio que acarrea más silencio.

Estoico silencio
el tiempo se acaba.
Agua esmeralda y mármol.

Alba historia efímera
en este museo de frías palabras
filósofos de roca en los pasillos
pétreo niño juega
con una cara anciana.

Otro infante de piedra blanca
con serpiente en la mano.
Frente al busto de Medusa
veo su pelo renacer
corazón palpitante, lágrimas mudas.

Inmaculada Venus
su vientre pulsa
sus pechos se hinchan
los cubre.

A la loba que amamanta
a Rómulo y a Remo
los senos de helado mármol
se le vacían.

Blanco silencio
perderse
en el frígido espacio.

Roma, Italia, 21 de mayo de 2015

WHITE MARBLE

The song of the sculptures
disrupts memories
respite in the snow-white distance
seeing without seeing among the pieces
it wraps in tranquility.

Fragmented body
an abandoned foot
a dismembered face
walking softly amidst
the white marble.

Quiet breaths
between the red faun
and the black centaurs.

I wander with Sabina and Adriano
a sapphire sea rumbling in the distance.
Silence breeds more silence.

Stoic silence
time is running out.
Emerald water and marble.

Ephemeral daybreak history
in this cold-worded museum
stony philosophers in hallways
child of rock plays
with an ancient face.

Another infant of white-stone
with snake in hand.
I stand before the bust of Medusa
her hair springing to life
throbbing heart, silent tears.

Immaculate Venus
her stomach pulsates
her bust swells
she covers it.

As the she-wolf nurses
Romulus and Remus
her cold marble breasts
are emptied.

White silence
getting lost
in the glacial space.

Rome, Italy May 21, 2015

CHISPEA EN EL AIRE

Flota en la atmósfera
una pluma
desgarra el haz de luz
en el Panteón de Roma
destellos suaves.

Intermitentemente
viaja hasta el óculo
rompe el rayo
que atraviesa la sala
y te pienso y te escucho.

En la calle un tango
llega a su clímax
luego
Edith Piaf
sin ningún arrepentimiento.

¡Sólo amar!

Y la delicada pluma
chispea en el aire
gira, gira, gira
vuelve a brillar.

Recorro el empedrado
frío, negro, reluciente
escucho el murmullo callejero
las voces extraviadas.

Evito los cuerpos perdidos
me disfrazo de ese
vaivén humano
y humores salvajes.

Roma, Italia, 22de madyo de 2015

IT SPARKS IN THE AIR

A feather
floats in the air
rends the shaft of light
in the Pantheon in Rome
gentle sunbeam.

It travels intermittently
to the oculus
shatters the sunlight
that crosses the room
and I think of you and hear you.

On the streets a tango
reaches its climax
then
Edith Piaf
feels no regret.

Only love!

And that delicate feather
it sparks in the air
twisting, twisting, twisting
shimmering anew.

I cross the stone pavement
cold, black, shining
and hear the murmuring in the streets
misplaced voices.

I avoid the lost bodies
and disguise myself with that
human oscillation
and those wild moods.

Rome, Italy May 22, 2015

39

EL LIENZO
Para León Bosch

Después de la poesía
caminata bajo la lluvia
Bosch con su boina y paraguas

Luz ámbar nos rodea

Las calles brillan con la lluvia
los rítmicos pasos dejan huella
en la noche romana

Luz ámbar nos abraza

Cálido ambiente nos recibe
poetas y pintores celebramos
esta noche de versos

Luz ámbar nos protege

Brindamos por la amistad y la poesía
sílabas azules en la atmósfera
envuelven las sonrisas

Luz ámbar nos guía

Luz dorada de la noche
polvos áureos de poesía
pintados en el lienzo de la memoria

En el tren de Roma a Mantúa, Italia 23 de mayo de 2015

THE CANVAS
For León Bosch

After poetry
a walk in the rain
Bosch with his beret and umbrella

Amber light surrounds us

Puddled streets shine
the rhythmic steps leave their mark
on the Roman night

Amber light embraces us

Warm mood receives us
we celebrate poets and painters
this evening of verses

Amber light protects us

We toast to friendship and poetry
blue syllables in that space
smiles envelop us

Amber light guides us

Glowing evening light
golden dust of poetry
painted on the canvas of memory

On the train from Rome to Mantua, Italy May 23, 2015

ÁUREA LUZ EN LOS MUROS

¿Cuántas veces puedo escribir un poema en la tierra de Virgilio?
Deambular por las calles junto a los poetas
Beppe y Stefania a mi izquierda
descubren una efímera nube en el crepúsculo
Stefano nos guía entre las calles empedradas
en lugar de Virgilio
Al caer la noche, luna mora en el cielo de Mantova
estrellas titilantes

Frente al lago, áurea luz en los muros
las sombras anaranjadas nos engañan, nos embelesan
¿Cuántas veces puedo escribir un poema frente a
la torre del Zuccaro?
Virgilio te siento en la atmósfera
en el dulce aire que respiro
camino tus calles empedradas en silencio
recorro tus pasos bajo los arcos de las plazas

Absorbo cada sílaba que vibra
en los gruesos muros de barro
en las flores de jazmín donde has dejado tu esencia
Virgilio quiero que tomes mi mano y me guíes en este
mi camino, mi infierno, mi purgatorio y mi paraíso
en este andar, de papel y de tinta, sin luz y sin tiempo
Divinidad poética
sé mi guía

Mantúa, Lombardía, Italia, 24-25 de mayo de 2015

42

GOLDEN LIGHT ON THE WALLS

How many times will I be able to write a poem in the land of Virgil?
Wandering down the streets alongside the poets
Beppe and Stefania on my left
they discover a passing cloud at dusk
rather than Virgil Stefano guides us
down the cobblestone streets
At nightfall, Moorish moon in Mantua sky
sparkling stars

By the lake, golden light on the walls
the orange shadows deceive us, captivate us
How many times will I be able to write a poem before
Tower Zuccaro?
Virgil I feel you in my surroundings
in the sweet air I breathe
I walk your cobblestone streets in silence
trace your steps beneath the plaza arches

I absorb every syllable that vibrates
in the thick mud walls
in the jasmine flowers where your essence remains
Virgil I want you to take my hand and guide me in this
path of mine, my inferno, my purgatory and my paradise
in this procession, of paper and of ink, without light and without
time
Poetic deity
be my guide

      Mantua, Lombardy, Italy May 24-25, 2015

MANTOVA

Poesía escurre desde la torre del Zuccaro
dejo que me canten estas calles
para encontrar los versos.

Virgilio en mis líneas
con entusiasmo lo distingo
en Mantova, ciudad de poesía.

El hacer de las sílabas
el enunciar las palabras
en esta ciudad de calles empedradas.

La de las torres altas
la de poesía en los corredores
viento ulula en los portales del centro.

Tres lagos la encierran
corrientes verdiazules
y lluvia de verano.

El constante trinar de los pájaros
llena de música la ciudad
Mantúa de poesía.

Quiero encontrarte Virgilio
caminar a tu lado
hablar y escucharte.

Discutir filosofía
retórica y poesía
Mantova clásica y Medieval.

Dante, escucha
te lo pido prestado
por otra eternidad.

Mantúa, Lombardía, Italia, 25 de mayo de 2015

MANTUA

Poetry drips from Tower Zuccaro
I let these streets sing to me
to find the verses.

Virgil in my lines
with enthusiasm I discern him
in Mantua, city of poetry.

Making syllables
formulating words
in this city of cobblestone streets.

With its high towers
its poetry in passageways
wind wailing in downtown doorways.

Three lakes encircle it
blue green currents
and summer rain.

The constant chirping of birds
fills the city with music
Mantua of poetry.

I want to find you Virgil
walk by your side
talk and listen to you.

Discuss philosophy
rhetoric and poetry
classical and medieval Mantua.

Listen, Dante,
I want to borrow him from you
for another eternity.

Mantua, Lombardy, Italy May 25, 2015

TIENE FRÍO

Vibración confundida con el trueno de la tormenta nocturna. Poseidón despierta furioso, terremotos y maremotos se forman. Ha perdido a su amante. El mar se bate encolerizado y hace temblar la atmósfera hasta tocar la planta de sus pies. Ella ha huido, se esconde en tierra firme. Los caballos de Poseidón se inquietan, forman olas gigantes. Poseidón la espera, le da tiempo. La deja andar, le hace creer que es libre, piensa que se ha fugado de él. El amor es más fuerte. El deseo incontrolable. En la oscuridad de la noche, ella no puede conciliar el sueño, invoca su nombre, el cielo ruge, truenos y relámpagos entre la tormenta, despierta a los delfines de largas narices. Las puertas se azotan, tormenta, agua y tierra se unen, ella sabe que él llega. Un trueno más, ella tiembla, llora en silencio, porque no puede conciliar el sueño. El agua la alcanza, el cuarto donde duerme, poco a poco, se llena. Sus lágrimas inundan esa habitación iluminada sólo por los rayos de la tormenta. Se sumerge en sus aguas, Poseidón la espera. Lo distingue a lo lejos entre muebles y espejos, la luz del fondo del mar la guía. Poseidón la espera. Hilos invisibles atados a su corazón la jalan, palpitaciones aceleradas la llevan. Poseidón la espera. Seducción en la mirada. La tormenta cesa, ella duerme en sus brazos, tiene frío, Poseidón la besa.

Mantúa, Lombardía, Italia, 26 de mayo de 2015

SHE IS COLD

Vibrations confounded with the thunder of the nocturnal storm. Poseidon awakens enraged, earthquakes and seaquakes are formed. He has lost his lover. The incensed sea churns and the air trembles until it touches the soles of her feet. She has fled, she's hiding on dry ground. Poseidon's horses are agitated; they form giant waves. Poseidon awaits her, he gives her time. He lets her leave, makes her think she's free, she believes she's gotten away from him. Love is stronger. Desire uncontrollable. In the darkness of the night, she cannot fall asleep, she invokes his name, the sky roars, thunder and lightning amidst the storm, it awakens the long beaked dolphins. Doors crash, storm, water and land unite, she knows he's coming. Another thunderclap, she trembles, silent tears, she cannot fall asleep. The water reaches her, the room where she's sleeping fills bit by bit. Her tears flood the room lit only by the lightning from the storm. She sinks into his waters, Poseidon awaits her. She discerns him at a distance amidst furniture and mirrors, the light at the depths of the sea guides her. Poseidon awaits her. Invisible threads bound to his heart pull her, accelerated palpitations carry her. Poseidon awaits her. Seduction in his gaze. The storm ceases, she sleeps in his arms, she is cold, Poseidon kisses her.

Mantua, Lombardy, Italy May 26, 2015

SALA DE LOS GIGANTES

Remolino infinito de color invade
tornado de dioses, divinidades polícromas
penetran la imagen, la piel, el pensamiento
canta el viento con fuerza en los oídos, trémula palabra
me envuelve la fuerza del azul, de la carne
columnas caídas, alaridos agonizantes
agua de tormenta en los puños se estanca
puños cerrados por el ulular del viento
lucha y gloria en las miradas se mezclan
la furia se desborda en los balcones del olimpo
la luz atraviesa los cuerpos como afiladas espadas
el pánico acecha, impetuosa agua me rodea
extraviada música vibra en la tormenta
vigoroso trueno aúlla
sollozos rojos y notas musicales se confunden
la fuerza se transforma en aliento divino, la palabra canta
polícromos pensamientos traducidos en diseños
grabados para la eternidad en los muros
soplo divino resuenas en el oído
angustia, angustia se respira en el silencio de esta sala
Mantova de los gigantes, miradas de dolor rodean
desesperados ojos escudriñan
pasión en la fuerza del aire brama
tornados internos, furia, furia en la sangre
color en el vientre, la luz se dispersa
la oscuridad se derrama, los gigantes observan

Mantúa, Lombardía, Italia, 26 de mayo de 2015
en la Cámara de los Gigantes, Palacio Te

CHAMBER OF THE GIANTS

Infinite twister of color invades
tornado of gods, polychrome deities
penetrate the image, the skin, the thought
wind sings strongly in ears, tremulous word
the strength of blue, of flesh enveloping me
collapsed columns, dying screams
storm water held in fists becoming stagnant
fists closed by the wail of the wind
struggle and glory comingling in the gaze
rage bursting forth from the balconies of Olympus
light traversing bodies like sharpened swords
panic lies in wait, impetuous water surrounding me
misplaced music vibrating in the storm
vigorous thunder howling
enflamed sobs and musical notes blending together
force becoming divine breath, the word sings
polychrome thoughts translated in designs
engraved for all eternity on the walls
divine breath, you resound in the ear
anguish, anguish is inhaled in the silence of this chamber
Mantua of the giants, gazes of pain encircling
desperate eyes scrutinizing
passion bellowing from the force of the air
internal tornados, rage, rage in the blood
color in the belly, light dissipating
darkness scatters, the giants observe

> Mantua, Lombardy, Italy May 26, 2015,
> in the Chamber of the Giants, Palazzo Te

49

SEDA ROJA

Rayos dorados penetran la ventana
tu fuerza interna me persigue
se abre ante mí tu corazón.

Suavidad palpitante son tus manos
seda roja, tu sangre que fluye
con el mar, agua marina en las arterias.

Delfín del Mediterráneo
hasta mi balcón nadas
junto a los cristales, tu aliento.

Tu nariz roza mi mano
siento tu húmeda respiración
al fondo del mar me guías.

Lentos ritmos son tus movimientos
olas de mar apaciguado, notas
musicales en el fondo me envuelven.

Nadas a mi alrededor.
La luz del fondo del mar
es canto de tu pecho.

Los torrentes marinos están
llenos de tu aliento, te alejas de mí
te deslizas con la otra corriente.

Mantúa, Lombardía, Italia, 27 de mayo de 2015

RED SILK

Golden sunshine penetrates the window
your inner strength pursues me
your heart opens before me

Your hands mean palpitating softness
red silk, your blood flowing
with the sea, marine water in your veins.

Dolphin of the Mediterranean
you swim to my balcony
next to my window, your breath.

Your nose brushing my hand
I feel your damp respiration
you guide me to the depths of the sea.

Slow rhythms, your movements
waves in the peaceful sea, musical notes
in the depths enveloping me.

You swim circles around me.
The light at the depths of the sea
is the song from your chest.

Marine torrents are
filled with your breath, you distance yourself
gliding upon the other current.

        Mantua, Lombardy, Italy May 27, 2015

VIENTO EN EL ROSTRO
Para Lucía Papaleo

Muéstrame las sílabas que hacen
vibrar el agua, llévame hasta
las profundidades de las páginas,
cuéntame los secretos que existen
entre estrofas.

Quasimodo, háblame de esa tierra
que te vio nacer, de tu sol,
tus montañas, de tu azul infinito.

Nutre con tus versos las salvajes
manos creadoras, comparte una
puesta de sol frente al mar conmigo.

Abre el libro y experimenta
posibilidades. Ya eres mío,
Quasimodo, ya eres mío.

Escucho tus versos con años
de distancia, otra época, otra ciudad,
una voz diferente.

Fuertes versos me unen a ti.

Lentamente las hojas inundan
mi vista, tu lienzo, corrientes
lingüísticas, tus colores y viento
en el rostro, y te sigo en silencio
con la mirada hasta esa tierra
de sol y poesía.

Ya eres mío, Quasimodo, ya eres
mío. Ya tus sepias palabras han
teñido mi piel, áureo calor en el alma.

Mantúa, Lombardía, Italia, 27 de mayo de 2015

WIND ON MY FACE
For Lucía Papaleo

Show me the syllables that make
water vibrate, take me to the
profundities of your pages
tell me the secrets that exist
between strophes.

Quasimodo, talk to me about the land
that saw your birth, about your sun,
your mountains, your infinite blue.

Nourish with your verses the wild
creative hands, share a sunset
over the ocean with me.

Open the book and experience
possibilities. Now you're mine,
Quasimodo, now you're mine.

I hear your verses through years
of distance, another era, another city,
a different voice.

Strong verses bind me to you.

The pages slowly flood my sight,
your canvas, linguistic currents,
your colors and wind on my face,
and I follow you in silence
with my gaze facing that land
of sun and poetry.

You're mine now, Quasimodo, you're mine.
Your sepia words have dyed
my skin, golden heat in my soul.

Mantua, Lombardy, Italy May 27, 2015

AGUACERO

Lanzas de agua, noche de hierro
oscuridad iluminada por el rayo
entre el sueño y una pesadilla
despierta agitada en Mantova.

Una puerta se azota por el viento
una ventana resuena en la oscuridad
ulular despiadado penetra el alma
perfora la serenidad de la luna
aguacero de lágrimas verdes
atrapa el espíritu solitario
inunda la escarlata habitación vacía.

Nocturno aguacero y ramillete de pesadillas.
Abre los ojos frente al precipicio de agua
iluminado un segundo por el recuerdo
se desvanece el dolor, desaparecen los sueños.

Frío aguacero de mercurio en la noche
música y viento, viento y lluvia
seres marinos alcanzan la habitación
nadan en espacios de mercurio
densos acuáticos recuerdos.
Espeso río de plata y mar de estaño
respira la última sílaba en el silencio nocturno.

Mantúa, Lombardía, Italia, 27 de mayo de 2015

54

CLOUDBURST

Spears of water, night of iron
darkness illuminated by lightning
between a dream and a nightmare
she awakes on edge in Mantua.

A door bangs in the wind
a window resounds in the darkness
ruthless howling penetrates the soul
pierces the serenity of the moon
teary green cloudburst
trapping the solitary spirit
flooding the vacant scarlet room.

Nocturnal cloudburst and bouquet of nightmares.
Open your eyes before the precipice of water
momentarily illuminated by memory
pain fades, dreams disappear.

Cold cloudburst of mercury in the night
music and wind, wind and rain
marine creatures reach the room
swimming in mercurial spaces
dense aquatic memories.
Thick silver river and sea of tin
breathing the last syllable into the nocturnal silence.

Mantua, Lombardy, Italy May 27, 2015

ROJA NIEBLA

Como roja niebla entra en el lecho
sigilosa y certera se enreda en sus brazos
muerde su cuello de roble
susurra versos al oído
dice su nombre en voz baja
tatúa su aliento de rosas en el pecho
recorre sus ojos con la lengua
borda su piel con niebla y mil palabras
lo inunda con aliento de jazmines y hortensias
entre rayos de luna lo arrulla
se escapa con la iridiscente luz del día
aroma a violetas tiñe las pieles bronceadas
lleva consigo, tatuado en el vientre, su esencia

Mantúa, Lombardía, Italia, 28 de mayo de 2015

RED FOG

She enters the bed as red fcg
wrapping herself stealthy and precise in his arms
biting his oak neck
whispering verses in his ear
murmuring his name
she tattoos her breath of roses on his chest
exploring his eyes with her tongue
embroidering his skin with fog and a thousand words
she floods him with breath of jasmine and hydrangeas
lulling him to sleep between moonbeams
escaping with the iridescent light of day
scent of violets tinting their tanned skin
she carries his essence with her, tattooed within

Mantua, Lombardy, Italy May 28, 2015

COLOR

¿De qué color es el agua de Venecia?
Mientras me embarco hacia Murano
y navego en la dorada tarde
cuando el oro líquido se esparce en la superficie
de lacustres caminos, me atormenta la pregunta
¿De qué color es el agua de Venecia?
Verde viene a mi mente
ópalo complementa mi pensamiento
doradas olas chocan en la ventana
azules gotas escurren por los cristales
otro pensamiento me acecha
líquido opalescente, verde agua veneciana
acuíferas ideas son los ritmos
líquidos cristales mezclados en la arena
profunda y densa agua en los antiguos caminos
áureo crepúsculo, Caronte me espera

Isla de Murano, Venecia, Veneto, Italia, 28 de mayo de 2015

COLOR

What color is the water of Venice?
While I embark toward Murano
and sail in the glistening afternoon
when liquid gold spreads on the surface
of lacustrine paths, I'm tormented by the question
What color is the water of Venice?
Green comes to mind
opal joins in
metallic waves crash at the window
blue drops trickle down the glass
another thought lies in wait
liquid incandescence, green Venetian water
aquatic ideas are the rhythms
liquid crystals mixed with sand
profound and dense water along the ancient pathways
shimmering twilight, Charon awaits me

Murano Island, Venice, Veneto, Italy May 28, 2015

AGUA ESTANCADA

Palabras de agua tras el cristal
gotas enviadas en la distancia
cibernética lluvia, yo cantaba.

Vino rojo y claro rocío de la mañana
yo sentía. Vapor de agua prohibida
abrumado por la constante brisa.

Por los acuáticos arabescos
por las lejanas caricias en la tinta
por las palabras de fuego en tu agua.

Ciclones de sílabas blancas
olores de la tierra se esfuman
otra agua morará los cuerpos.

Recorrerá las suplicantes entrañas
como vino que se bebe en el ocaso
agua estancada fueron las palabras.

Un instante sin eco arrasado
por los huracanes, tres veces traducidos
los recuerdos, ahora extraviados.

Oníricos deseos incompletos
congeladas las aterciopeladas cataratas
copos de nieve roja
aroma a jazmín en la triste memoria.

Isla de Murano, Venecia, Veneto, 29 de mayo de 2015

STAGNANT WATER

Words of water behind the glass
drops sent in the distance
cybernetic rain, I sang.

I could feel red wine and clear
morning dew. Vapor of prohibited water
overwhelmed by the constant breeze.

By aquatic arabesques
by distant caresses in ink
by fiery words in your water.

White syllable cyclones
earthy smells slip away
another water will house the bodies.

It will traverse the pleading essence
like wine drunk at the end of the day
the words were stagnant water.

An echoless instant destroyed
by hurricanes, memories thrice
translated, now gone missing.

Oneiric desires incomplete
velvety waterfalls frozen
red snowflakes
jasmine scent in forlorn memory.

Murano Island, Venice, Veneto, Italy May 29, 2015

PUERTOS SILENCIOSOS

Zarpan las miradas de los puertos silenciosos
ondulados recuerdos se impregnan en las conchas
racimos de algas verdes bailan con el vaivén de las olas
agua que choca en el corazón, se estrella en la profunda voz.
Grave exhalación es el sonido del mar
con el que me enredo, me jala, no hay salida.
Puertos donde los taciturnos viandantes suben
y arrastran pesado equipaje, doloroso ayer
terror en las maletas, Pandora se inquieta.
Mar, mudo destino de las inmóviles almas
extensas aguas llevan los cuerpos endurecidos
nos dejamos llevar a esos puertos silenciosos.
Algunos muertos en vida saben dónde desembarcar
otros, nos dejamos llevar por la brisa de esta noche violeta
por el último rayo de sol que ingenuamente seguimos.
Lacustres sílabas exhalamos con el suave movimiento de esta barca.
Espesos pensamientos nos embriagan, nos engañan los líquidos.
Aún no he encontrado mi último puerto
el silencio no ha llegado para mí.

Isla de Murano, Venecia, Veneto, Italia, 29 de mayo de 2015

SILENT PORTS

Gazes set sail from silent ports
undulating memories soaked in seashells.
Clusters of green seaweed dance with the swaying of the waves.
Water that strikes the hear, crashes into the profound voice.
Deep exhalation is the sound of the sea
where I'm entangled, it pulls me, there's no exit.
Ports where taciturn travelers arise
and drag heavy bags, painful yesterday
terror in the luggage, Pandora distraught.
Sea, silent destiny of motionless souls
extensive waters carry hardened bodies.
We let ourselves be taken to those silent ports.
Some of the living dead know where to disembark
others let ourselves be led by the breeze on this violet night
by the last ray of sunshine that in our innocence we follow.
We exhale lacustrine syllables with the gentle movement of this
boat.
Heavy thoughts intoxicate us, liquids confound us.
I still haven't found my last port
silence hasn't come for me.

Murano Island, Venice, Veneto, Italy May 29, 2015

.

VIOLETAS

Lluvia de violetas en la ventana
soleada mañana
inmaculada turquesa en el cielo

En los canales de Murano
lenguas diversas se escuchan
navego extraviada

No encuentro mi camino
dejo que la vida llegue a mí
que los barullos del agua me lleven y traigan

Como navegante en mi propio mar
los cristales de Murano bailan frente a mí
ofrecen sus seductores colores

Aspiro los rojos áureos y un sollozo escapa
doy un paso más y recuerdo apacibles ojos
una pequeña ola moja mis pies

El silencio en medio del agua
desgarra el perfume marino de esta barca
y la suavidad de sus manos se esfuma

Lluvia de violetas en mi ventana
húmedos pétalos escurren
por mis trémulas mejillas.

Isla de Murano, Venecia, Veneto, 29 de mayo de 2015

VIOLETS

Rain of violets on the window
sunny morning
immaculate turquoise sky

In the canals of Murano
diverse languages are heard
I set sail, lost

Unable to find my path
I let life come to me
the water's turmoil leading me to and fro

As a sailor on my own sea
Murano glass dances before me
offering its seductive hues

I inhale the golden reds and a sob escapes
I take another step and remember peaceful eyes
a small wave splashing my feet

The silence in the midst of the water
rips the marine perfume from this boat
and the gentle hands slip away

Rain of violets on my window
damp petals slide
down my trembling cheeks.

Murano Island, Venice, Veneto, Italy May 29, 2015

INFIERNO

Llevo el infierno encerrado en el puño izquierdo
camino sin rumbo hasta encontrar el Adriático
un hilo de oro anuncia la noche
la soledad del mar me envuelve
silencio absoluto en el agua
sendero ámbar hasta el infinito

Llevo el infierno atorado en la mano
se me ha tatuado en la palma lentamente
sin prisa, sabiendo que ahí es su lugar
me lo he ganado, no me sorprende
dos palomas negras cruzan mi camino
su aleteo comienza al descubrir mis pasos

Un haz de humo en el cielo
hiende el azul sin nubes
pretende alcanzar el sol
golondrinas chillonas trazan
diseños aéreos en su vuelo
aletear continuo frente a mí

Tengo el infierno marcado
en las huellas dactilares
meto mi mano al fuego
cristal líquido, roja esencia
las gaviotas compiten con las golondrinas
vuelo acelerado, inocencia perdida

Llevo el infierno esgrafiado en la piel
me invade el trinar del sol
en su último canto del día
se hinchan los azahares en la hora violeta
el agua se vuelve un mar de fuego
olas anaranjadas y rojas consumen las barcas

Llevo el infierno encerrado en el puño izquierdo
deambulo sin rumbo hasta encontrar el Adriático
un hilo de oro anuncia la noche
la soledad del mar me envuelve
silencio absoluto en el agua

Isla de Murano, Venecia, Veneto, 30 de mayo de 2015

INFERNO

I carry the inferno enclosed in my left fist
walking aimlessly until I find the Adriatic
a thread of gold announces the night
the solitude of the sea envelops me
absolute silence on the water
amber trail to infinity

I carry the inferno immobilized in my hand
it was tattooed onto my palm slowly
leisurely, knowing that it belongs there
I've earned it, I'm not surprised
two black doves cross my path
their winging begins when they discover my steps

A waft of smoke in the sky
rends the cloudless blue
tries to reach the sun
shrill swallows sketch
aerial designs with their flight
swooping continuously before me

I have the inferno marked on my fingerprints
I stick my hand in the fire
liquid glass, red essence
seagulls competing with swallows
accelerated flight, innocence lost

I carry inferno's *graffito* on my skin
I'm annexed by the warbling of the sun
during its last song of the day
orange blossoms swell in the violet hour
water becomes a sea of fire
orange and red waves gulping down boats

I carry the inferno enclosed in my left fist
wandering aimlessly until I find the Adriatic
a thread of gold announces the night
the solitude of the sea envelops me
absolute silence on the water

Murano Island, Venice, Veneto, Italy May 30, 2015

DONDE LA LUZ ES VIOLETA

Llena de púrpura la noche
mientras escucho
entonar tu nombre
con el rugido del mar azul.

Búscame en la ciudad
sumergida, allá, lejos
donde la luz es violeta
y el océano de fuego púrpura.

Son los últimos versos leídos
en las barcas de madera
y en la nacarada vía láctea
los que te podrán guiar.

Déjalos llegar hasta mí.
No te resistas más, escucha
el opalescente lenguaje marino
 ancla que arrastra tu voluntad.

Encuéntrame entre las densas olas
de las fuertes corrientes de agua
 de la ciudad hundida
cubierta de caracolas y conchas.

Persigue el llanto
de los buques perdidos
distingue mi esencia
 de rojo coral en el aire.

Reconoce el sabor dulce
de leche en tus labios
senos llenos de ti
algas marinas los cubren.

Llena de púrpura la noche
y bébeme entre las cálidas olas
allá, en la ciudad sumergida
antes de la luna llena.

Isla de Murano, Venecia, Veneto, 30 de mayo de 2015

WHERE THE LIGHT IS VIOLET

Fill the night with purple
while I listen
to your name sung
with the roar of the blue sea.

Try to find me in the
submerged city, over there, far away
where the light is violet
and the ocean is purple flames.

The last verses read
in the wooden boats
and the pearly milky way
are the ones that will guide you.

Let them come to me.
Don't resist any more, listen
to the iridescent marine language
anchor that drags your wishes.

Find me among the dense waves
of the strong currents of water
from the sunken city
covered with conches and seashells.

Pursue the sobbing
of the lost ships
perceive my essence
of red coral in the air.

Recognize the sweet taste
of milk on your lips
breasts full of you
seaweed covers them.

Fill the night with purple
and drink me among the warm waves
over there, in the submerged city
before the full moon.

Murano Island, Venice, Veneto, Italy May 30, 2015

AGUA DE LUNA

Luna, háblame, tiñe de carmín la piel
refleja tu música en mis manos
para que la transcriba y moje mis labios
con luz de poesía.

Déjame sentir tu canto, luna
plata líquida que vibra en mí
sílabas de agua.

Tu lento andar hacia la noche
me hace seguirte con la mirada
en el tiempo que escribo el poema.

Pienso en la luz y ahí estás.
Cadencia lunar que se arrulla
en cada sílaba del cuerpo.

Haz subir las aguas de esta ciudad
donde temporalmente moro, transgrede
los límites, cala las almas, perfora los sueños.

Agua de luna, llueve en silencio y deja
indelebles marcas en los rostros
de los poetas.

Bésame, luna, en su ausencia
sacia los labios hambrientos
escucha mi canto esta noche.

Cantan las aves blancas
frente al agua violeta
los secretos más íntimos para mí.

Sombra lunar en el papel
donde escribo
argenta líquida se impregna
en mi palpitar.

Trémula piel teñida de plata
las palabras bailan en la página.

Luna, alza las aguas para que las barcas
naveguen sin miedo hasta perderse
en mi océano de fuego.

Puerto en llamas anuncia la canción de la noche
lléname de miel de la púrpura higuera
y jugo de bermejas granadas
calma lentamente mi insaciable sed.

Luna, cambia el cauce de los
ríos, encuentra la dirección
de las aves de iridiscente plumaje
y envíalas hasta mí.

Que su traslúcido canto
se mezcle con tu luz
y acabe con el insomnio
de esta noche.

Luna, alza las aguas
cúbreme en su ausencia
y susúrrame al oído
sus flamígeros versos.

Isla de Murano, Venecia, Veneto, 30 de mayo de 2015

MOON WATER

Moon, talk to me, color my skin carmine
reflect your music in my hands
and I will transcribe it and wet my lips
with the light of poetry.

Let me feel your song, moon
liquid silver that vibrates within me
syllables of water.

Your slow steps toward the night
make me follow you with my gaze
as I'm writing my poem.

I think about the light and there you are.
Lunar cadence that lulls
every syllable of the body.

Make the waters of this city
my momentary residence, rise,
transgress limits, drench souls, rupture dreams.

Moon water, rain in silence and leave
indelible marks on the faces
of poets.

Kiss me, moon, in his absence
quench my hungry lips
listen to my song tonight.

White birds sing me
the most intimate secrets
before violet waters.

Lunar shadow on the paper
where I write
liquid silver is imbued
in my heartbeat.

Tremulous skin tinted silver
words dancing on the page.

Moon, raise the waters so ships
can navigate fearlessly until they are lost
in my ocean of fire.

Port in flames announces the song of the night
fill me with honey from the purple fig
and juice from crimson pomegranates
slowly ease my insatiable thirst.

Moon, change the course of the
rivers, find the direction
of the birds with iridescent plumage
and send them to me.

Let their translucent song
be mixed with your light
and banish the insomnia
of this night.

Moon, raise the waters
cover me in his absence
and whisper vivid verses
in my ear.

Murano Island, Venice, Veneto, Italy May 30, 2015

EL TIEMPO DE LAS LUCIÉRNAGAS

Verdiazules corrientes de luz
el tiempo de las luciérnagas
ha llegado a Murano
luna llena de junio nace
agua alta se desborda

Las algas de las escalinatas
marrones y verdes plumajes acuáticos
frente a las que camino cada día
se cubrirán de opalescente agua
verdiazules densas corrientes

Aquella música, otro mar de fuego

Las luciérnagas se anuncian
lluvias de verano, asfixiante humedad
frágil vida de plata cala la piel
sólo palabras quedan en la oscuridad
caracteres que nos unen a los demás

Abrasadoras luces verdiazules
llegan a la remota isla
con el silencio del crepúsculo
luna argenta revive los bivalvos
el tiempo de las luciérnagas ha llegado

Isla de Murano, Venecia, Veneto, mayo 31 de 2015

74

THE TIME OF THE FIREFLIES

Blue green currents of light
the time of the fireflies
has come to Murano
full moon in June rises
high water overflows

The seaweed on the staircases
I walk beside every day
brown and green aquatic plumage
will be covered with shimmering water
dense blue green currents

That music, another sea of fire

The fireflies announce
summer rains, asphyxiating humidity
fragile silver life soaks my skin
only words remain in the darkness
characters that connect us to everyone

Burning blue green lights
come to the remote island
in the silence of the dusk
silver moon revives the mollusks
the time of the fireflies has come

        Murano Island, Venice, Veneto, Italy May 31, 2015

DOMINGO

Cristalinas pinturas y diminutas criaturas
en las calles acuáticas de mi diario andar
pintores de fuego, líquidos rojos traslúcidos
arena y lumbre caprichosas formas guardan
ramillete de algas contenido en el cristal
aliento de dragón en los aparadores de Murano

Los pequeños puentes hacen volar
los muros del canal rebosantes
de nacarados y negros bivalvos
torrente de agua verde fluye
escalinatas blancas se abren
a la densa laguna

El ritmo de las olas entona
múltiples canciones en el aire
Venecia al frente, Caronte a la izquierda
doy la vuelta y entre madreselvas
jazmines, hortensias y magnolias
secretamente, me pierdo en Murano.

Isla de Murano, Venecia, Veneto, 31 de mayo de 2015

SUNDAY

Crystalline paintings and tiny creatures
in the aquatic streets of my daily walk
painters of fire, translucent red liquids
sand and flame assume capricious forms
bouquet of seaweed contained in glass
dragon breath in Murano storefronts

Small bridges fly
the walls of the canal brimming
with mollusks pearly and black
flood of green water flows
white staircases open
upon the dense lagoon

The rhythm of the waves intones
multiple songs in the air
Venice before me, Charon to the left
I turn and between honeysuckles
jasmines, hydrangeas and magnolias
I lose myself surreptitiously in Murano.

Murano Island, Venice, Veneto, Italy May 31, 2015

ISLA DE FUEGO Y AGUA

Estoy en la isla de fuego y agua
donde se forjan los cristales policromáticos
y los habitantes navegan con el palpitante
corazón en las manos

Hay que tener cuidado por si alguna gaviota
se lo quiera llevar y en su agitado vuelo lo pierda
es la isla de los hornos de hierro
donde se camina en silencio en luna llena

Donde se baila en secreto frente a azules fogatas
de cristal, donde los ingenuos mortales se desfogan
es la isla de fuego que emerge durante la luna llena
 cantos de arena y espuma de mar

Cuando las aguas son altas
tres días espera la isla a los nuevos habitantes
sigilosamente, emana su irresistible aroma
seductora trampa de mortal

Somos de fuego y agua, de corazones
abiertos, de almas errantes, de extendidos brazos
somos los otros, los fantasmas
de líquidas voces y mirada de fuego

Nos mezclamos con los mortales que llegan
atraídos por la música de los cristales
en lugar de nuestros cantos
sonidos acuamarinos, encantadores

Brotan de las gargantas de las caracolas y bivalvos
seduciéndolos en esta isla de opalescente fuego líquido
que se sumerge una vez más en el fondo de la laguna

Ya no somos ni de arcilla ni de piel de lagarto
somos fantasmas de fuego y agua
en la isla del silencio, que se hunde, que engaña

Isla de Murano, Venecia, Veneto, 1 de junio de 2015

ISLAND OF FIRE AND WATER

I'm on the island of fire and water
where polychrome glass is forged
and inhabitants navigate with their beating
hearts in their hands

We must take care in case some seagull
wants to carry them off and loses them in turbulent flight
it's the island of iron ovens
of silent walks during the full moon

Of secret dances before blue bonfires
made of glass, where guileless mortals let off steam
it's the island of fire that emerges during the full moon
songs of sand and sea foam

When the waters are high
the island awaits new inhabitants three days
stealthily projecting its irresistible aroma
seductive trap for mortals

We are of fire and water, of open hearts
of errant souls, of extended arms
we are the others, the ghosts
of liquid voices and fiery gazes

We mix with the mortals who arrive
attracted by the music of the glass
instead of our songs
enchanting sounds of aquamarine

They burst from the throats of conches and mollusks
seducing them on this island of shimmering liquid fire
submerged once again in the depths of the lagoon

We are no longer made of clay or of lizard skin
we are ghosts of fire and water
on the island of silence, that is sinking, that deceives

Murano Island, Venice, Veneto, Italy June 1, 2015

LAGARTIJAS DE OBSIDIANA

Isla de lumbre
hornos de hombres de fuego
los forjadores del cristal
poseen las entrañas
transformándolas en filigrana.

Piedras preciosas dan color
isla de fuego y misterios
en el centro
espesa agua de ópalo
y borbotones de lava.

En los canales
lagartijas de obsidiana
con su rapidez penetran
los más íntimos
sueños y secretos.

Dirigen ríos de lava
crean el cauce de fuego
mueven corrientes
las frías pieles en
la ardiente arena.

Los negros lomos
se mezclan
con el movimiento
del fuego en la isla
de hombres de aire.

Arena transformada
en cristal
onírico preámbulo
penetrante mirada
de reptil.

Lengua de fuego y cristal.

Isla de Murano, Venecia, Veneto, 1 de junio de 2015

OBSIDIAN LIZARDS

Island of flames
ovens of men of fire
the forgers of glass
possess inner depths
that they transform into filigree.

Precious stones give color
island of fire and mysteries
at its center
heavy opal water
and bubbles of lava.

In the canals
obsidian lizards
penetrate with their speed
the most intimate
dreams and secrets.

They oversee rivers of lava
create the channel of fire
move currents
their cold skin on
burning sand.

Black backs
combine with
the movement
of fire on the island
of men of air.

Sand transformed
into glass
oneiric preface
penetrating reptilian
gaze.

Tongue of fire and glass.

Murano Island, Venice, Veneto, Italy June 1, 2015

DRAGONES Y GALLOS

Transgredo el tiempo y la roca.
Arena y diseños geométricos
cuentan la historia de los siglos
en los coloridos mosaicos
de Santa María y San Donato.

Polícromos dragones
y altivos gallos
han vencido a la astucia
con su sapiencia.

Círculos y arcos dominan la vista
piedras preciosas son amadas.
Las texturas de cada eslabón
transmiten el tiempo.

Imagino
cómo fue seleccionada la veta
de dónde llegó y las manos que
dieron vida a la sublime geometría.

Quiero andar con pies desnudos
en estos milenarios mosaicos
la historia me entre de golpe.
Transgredo el tiempo y la roca.

Que el tiempo se grabe
en la piel morena.
La oscuridad e incienso
se filtren por los poros.

Rastros de cera
en los ojos del alado dragón.
Haces de luz en
el callado recorrido.

El frío penetra la piel cuando
olas de piedras preciosas
y sonido metálico me arrastran
en su áurea corriente de historia.

Isla de Murano, Venecia, Veneto, 2 de junio de 2015

DRAGONS AND ROOSTERS

I transgress time and the rock.
Sand and geometric designs
tell the story of the centuries
in the colored mosaics
of Santa María e San Donato.

Polychrome dragons
and proud roosters
have conquered cunning
with their wisdom.

Circles and arches dominate the view
precious stones are cherished.
The textures of every link
transmit time.

I imagine
how the veining was selected
where it came from and the hands
that gave life to the sublime geometry.

I want to walk with bare feet
on these millennial mosaics
history enters me in a moment.
I transgress time and the rock.

Let time be engraved on
my bronze skin and
darkness and incense
filtered through my pores.

Traces of wax
in the eyes of the winged dragon.
Beams of light in
the silent trajectory.

Cold penetrates the skin when
waves of precious stones
and metallic sound drag me
on their golden current of history.

Murano Island, Venice, Veneto, Italy June 2, 2015

OTRA LLAMADA

Desde el milenario campanario de bronce
el llamado de un buque distingo
me recuerda que no debo estar
triste, mi padre en libertad.

La costumbre me gana
derramo un par de lágrimas
distraigo mi pensamiento y ahí está
el sonido de otra llamada a zarpar.

La textura del cristalino viento en la piel
el dorado sol en la mirada
los oídos en la profundidad del mar
el sangrante corazón en los dientes.

¡Quien no haya probado la ausencia
que no llore, que no gima!

Un sollozo rojo rompe el pecho
abre la piel bronceada
negras aves en el horizonte vuelan.

Isla de Murano, Venecia, Veneto, 2 de junio de 2015

ANOTHER CALL

From the millennial bronze bell tower
I distinguish the call of a ship
it reminds me that I shouldn't be
sad, my father in liberty.

Habit defeats me
I spill a couple of tears
distract myself and hear
the sound of another call to set sail.

Texture of crystalline wind on my skin
golden sun in my eyes
depths of the sea in my ears
bleeding heart in my teeth.

Those who have not experienced absence
should not cry or moan!

A scarlet sob splits my chest
opens my bronze skin
black birds fly on the horizon.

Murano Island, Venice, Veneto, Italy June 2, 2015

TRAIGO LA LUNA METIDA EN LAS UÑAS

Traigo la luna atorada en el pie derecho
me la sacudo y se enreda más
su reflejo en esta agua me atrapa.

La luna llena ha llegado a Murano
el agua alta ha invadido las calles
mi pelo se mueve con el rumor de las olas.

Algas verdes son mi cabellera esta noche
oro líquido se esparce en la superficie del agua
culebras áureas me persiguen los pasos
la luna las dirige hacia mí.

Traigo la luna enmarañada en el corazón
palpita en lugar de mi sangre
se me pega en las venas y las arterias
celeste embrollo el que traigo.

Tengo la luna bordada en el pecho
cuando brilla, la piel me arde
me desgarra los senos, sangran.

Traigo la luna metida en las uñas
como polvo plateado
por rasguñar las estrellas
no me lo puedo quitar.

Tengo la luna roja tatuada en los labios
luna llena, agua alta, áureas culebras
me alcanzan, saltan desde el canal
ojos de luna me acechan
me muerden, se tragan mis versos.

Traigo la luna cargando en los hombros
es un peso grande de argenta líquida
de ausencia y silencio, se va tatuando
en mi espalda, tiñe la piel a lo largo y ancho
se expande lentamente, no me la puedo quitar.

Isla de Murano, Venecia, Veneto, junio 3 de 2015

I HAVE THE MOON IN MY FINGERNAILS

I have the moon stuck in my right foot
I shake it and it gets further entangled
its reflection in the water ensnares me.

The full moon has reached Murano
high water has invaded the streets
my hair moves with the murmur of the waves.

My hair is green seaweed tonight
liquid gold spreads upon the surface of the water
glistening serpents hound my steps
the moon sends them after me.

I have the moon tangled in my heart
it beats in place of my blood
it sticks in my veins and arteries
I bear celestial confusion.

I wear the moon embroidered on my chest
when it shines, my skin burns
it rends my breasts, they bleed.

I have the moon in my fingernails
like silver-coated dust
to scratch the stars
I can't break free of it.

I wear the red moon tattooed on my lips
full moon, high water, glistening serpents
they reach me, leaping from the canal
moon eyes stalking me
they bite me, swallow my verses.

I have the weight of the moon on my shoulders
it's a heavy burden of liquid silver
of absence and silence, it's being tattooed
on my back, it colors the length and breadth of my skin
it expands slowly, I can't break free of it.

Murano Island, Venice, Veneto, Italy June 3, 2015

SALERNO

Jugo de cerezas entinta el aire
bermejo escurre entre mis dedos
mancha las inmaculadas páginas.
Escarlata líquida en los labios
fluida y dulce poesía recorre la boca
se integra a la humedad de Salerno.
Alucinante mar azul me llama.

Nacarada niebla lame los montes
penetra la roca ante la mirada.
Poesía perfora el asfalto y canta.
Salerno de agua transparente
cielo limpio y verdes montes.
Costa de turquesa líquida, delirante poesía
en los muros, nocturna humedad sofoca.

Salerno, Campaña, Italia, junio 4 de 2015

SALERNO

Cherry juice stains the air
crimson slides between my fingers
staining the immaculate pages.
Scarlet liquid on my lips
sweet fluid poetry roams my mouth
becoming one with the humidity of Salerno.
Hallucinatory blue sea beckons me.

Pearly fog licks the mountains
penetrating the rock before my gaze.
Poetry perforates the asphalt and sings.
Salerno of transparent water
clear sky and green mountains.
Coast of liquid turquoise, delirious poetry
on the walls, stifling nocturnal humidity.

Salerno, Campania, Italy June 4, 2015

SOL EN LA MIRADA

Lo importante es no dejar que se te mojen los pies con agua helada de lluvia. Hay que saber caminar entre los charcos en las calles empedradas en Salerno. Eso lo sé por experiencia desde niña, aunque yo dejaba que el agua me cubriera toda. Hoy, aquí en Salerno, camino entre las calles, veo cómo se esconde la gente por un pequeño aguacero, me divierte ver el caos y los vendedores de paraguas.

Dos niñas gritan, diluvio, se enredan en sus monedas y pagan un paraguas, la mitad de sus cuerpos expuestos a la lluvia, se toman del brazo y triunfantes caminan por la calle. No soy Alfonso Gatto mas recojo el ambiente de este momento entre las callejuelas empedradas. Parece una medina digo a Paul Polanski.

Los meseros de los cafés con sus charolas con tazas para clientes que se sientan afuera, las cubren con bolsas de plástico para evitar la lluvia. Adoro verlos, serviciales, listos. El aroma a café se combina con el de la lluvia en Salerno, golpea en el solitario andar. Poemas cubren las paredes de la vieja ciudad, "Yo soy Salerno."

Traigo el sol en la mirada y el viento tatuado en la piel. La música se filtra por las persianas, poesía en los pisos de las calles. La lluvia va desapareciendo, siento el sol de la tarde en la nuca, camino de espaldas al mar.

Salerno, Campaña, Italia, 4 de junio de 2015

SUN IN MY GAZE

It's important not to get your feet wet with freezing rain water. You have to know how to walk between the puddles on Salerno's stone-paved streets. This I've know from experience since I was a child, although I would let water cover every part of me. Today, here in Salerno, I walk along the streets, watching people hide from a brief cloudburst, it amuses me to see the chaos and the umbrella sellers.

Two girls shout, it's a deluge. They struggle with their coins and buy an umbrella, half their bodies exposed to the rain, they take each other's arms and walk triumphantly down the street. I'm not Alfonso Gatto but I soak up the atmosphere of this moment among the stone-paved alleyways. It looks like a medina I tell Paul Polanski.

Cafe customers sitting outside, waiters cover trays of coffee with plastic bags to escape the rain. I love seeing them, solicitous, clever. The smell of coffee mingles with that of the Salerno rain, it impresses upon solitary strolls. Poems cover the walls of the ancient city, "I am Salerno."

I wear the sun in my gaze and the wind tattooed on my skin. Music filters through the shutters, poetry on sidewalks. The rain begins disappearing, I sense the afternoon sun on my neck, I walk with my back to the sea.

Salerno, Campania, Italy June 4, 2015

CHIODI DI GAROFANO

Higos blancos en almíbar con clavo de olor
los degusto sin prisa y pienso en su origen.
Fruta del Mediterráneo, especias que
llegaron a Salerno a través del mar.
Otro bocado, aroma a clavo de olor
la ruta del incienso en la mente
y la dulzura llega hasta la nariz.
La vista se inunda de color ámbar.
Recorro con mi lengua la aterciopelada
piel del higo, muerdo con los dientes
frontales, explosión de minúsculas semillas
impregna el paladar.
Mastico, sin prisa, la dorada fruta.
¿Cuántos siglos tiene esta receta llegada por el mar?
Higo blanco de Cilento de los griegos, siglo IV A. C.
fresco o secado al sol te conservas como un
símbolo de la Campaña. Cierro los ojos
y un higo más revienta en mi boca, un millar de
semillas en la lengua, ámbar en el paladar, la ruta
del incienso me arrastra.

Salerno, Campaña, Italia, 5 de junio de 2015

CHIODI DI GAROFANO

White figs in compote with cloves
I savor them slowly and think about their origins.
Fruit of the Mediterranean, spices
that reached Salerno from the sea.
Another bite, scent of clove
the incense road on my mind
and the sweetness reaches my nose.
My vision is awash in amber.
I run my tongue over the velvety
fig skin, my front teeth bite
explosion of tiny seeds
drenches my taste buds.
I chew, slowly, the golden fruit.
How many centuries since this recipe reached land?
White fig of Greek Cilento, 4th century B.C.E.
fresh or dried in the sun you remain
a symbol of Campania. I close my eyes
and another fig explodes in my mouth, a thousand
seeds on my tongue, amber on my taste buds,
the incense road sweeping me along.

Salerno, Campania, Italy June, 2015

BLANCA SIERPE

Después de la lluvia, el silencio
aliento de blanca sierpe en las montañas
se entreteje con los dorados rayos de sol
transgrede las verdes cimas.

Después de la lluvia, la música
aves retoman su canto, inundan
los árboles de iridiscente color.

Después de la lluvia, el eco del viento
ulular que explota en la roca, tiembla la sangre
notas musicales desde la garganta de la piedra.

Después de la lluvia, las flores se abren
invitan a amarlas con sus seductores
aromas, plácido encuentro.

Después de la lluvia, mi mano en la página
apasionada escritura, silencioso nacimiento
en el papel.

Aliento de blanca sierpe
conduce mi mano en las verdes montañas
después de la nacarada lluvia.

Salerno, Campaña, Italia, 6 de junio de 2015

WHITE SERPENT

After the rain, the silence
breath of white serpent in the mountains
intertwines with the golden rays of sunshine
it violates the green peaks.

After the rain, music
birds resume their song, flood
the trees with iridescent color.

After the rain, the echo of the wind
howl bursting on rocks, blood trembles
musical notes from the throat of the stone.

After the rain, flowers open
inviting us to love them with their seductive
scents, placid encounter.

After the rain, my hand on the page
impassioned writing, silent birth
on the page.

Breath of white serpent
my hand drives in the green mountains
after the pearly rain.

Salerno, Campania, Italy June 6, 2015

ESENCIA A JAZMÍN

Golondrinas pintan el cielo de Salerno
su trinar deja rastros en el aire
cada tono, de su música, una pincelada
arabescos blancos se forman
al danzar un sentimiento de asombro
se inyecta en la sangre
aspiro la mañana
culminación de oro rojo
con la llegada del Sol
esencia a jazmín
la otra música en el aire

Salerno, Campaña, Italia, 7 de junio de 2015

ESSENCE OF JASMINE

Swallows paint the Salerno sky
their warbling leaves trails in the air
every tone of their music, a brush-stroke
their dance creates white arabesques
a feeling of astonishment
is injected in the blood
I inhale the morning
culmination of red gold
with the arrival of the Sun
essence of jasmine
the other music in the air

   Salerno, Campania, Italy June 7, 2015

BAÑO DE LLUVIA

Bajo la lluvia recuerdo
"...si llueve me mojo..."
este aguacero me cubre
escurre agua en mi piel
los truenos me llevan
a las tormentas de mi Pitaya
donde caminaba en el bosque
bajo torrenciales
aguas de verano.

Cuidado con los árboles
un rayo puede caerte
la advertencia
aquí en Salerno
no me importa
si me parte uno
el agua es tibia
lo agradezco
y canto.

Camino calle arriba
veo la luz de los autos
haces de ámbar pintados
en el húmedo pavimento
disfruto observarlos
ver cómo se expanden
e impregnan la negra calle
camino sin prisa
rítmico andar.

Disfruto el baño de lluvia
en los húmedos caminos
en un instante siento
desconocidas flores
busco en la memoria
archivo de aromas
colección privada
el perfume sutil
y la luz ambarina se esfuman.

Salerno, Campaña, Italia, 8 de junio de 2015

RAIN BATH

Beneath the rain I remember
"...if it rains, I get wet..."
this downpour covers me
water drips down my skin
the thunderclaps take me
to the storms of my Pitaya
where I would walk in
the woods beneath torrential
summer waters.

Careful with the trees,
lightning can fell them
a warning
here in Salerno
I don't care
if one strikes me
the water is warm
I am thankful
and I sing.

I walk down the street
see the light of the cars
amber beams painted
on the damp pavement
I enjoy watching them
seeing them expand
and saturate the black street
I walk relaxed
rhythmic steps.

I enjoy the rain bath
along the damp paths
in an instant I sense
unknown flowers
I search my memory
archive of aromas
private collection
the subtle perfume
and amber light both vanish.

Salerno, Campania, Italy June 8, 2015

HISTORIA EN PIEDRA

Instante con el poeta Basir
 amable sonrisa
momento para compartir poesía
su mundo, mi mundo coinciden
brevemente frente a este
dorado mar, paz y amistad
en la mirada
nuestros infiernos atrás.

Rasga la montaña
interminable sendero
entre la roca y el mar.
Mis pasos profanan la tierra
mirada en la alfombra de agua
hambrientos sigilosos pasos
puertas turquesas me enfrentan
bañadas de cascadas de flores.
Reparo un instante en las fortuitas texturas
rayos de sol graban su historia en piedra
aire y humedad escriben su canto
camino en silencio
la larga vereda de hoy.

Infinita alfombra de palabras
el pensamiento embriaga
casas que desde los peñascos nacen
amarillas y rosadas paredes brillan
escaleras eternas, rítmicos pasos
onírico y alucinante mar
Sol que castiga la espalda
los dioses cuidan mi andar.

Amalfi y Salerno, Campaña, Italia, 8 de julio de 2015

HISTORY IN STONE

Moment with the poet Basir
his kind smile
time to share poetry
his world, my world
coincide briefly before this
golden sea, peace and friendship
in his gaze
our infernos left behind.

The mountain cleaves
endless pathways
between rock and sea.
My steps besmirch the land,
gaze on the carpet of water,
hungry stealthy steps.
Turquoise doors confront me
bathed in cascades of flowers.
I focus an instant on the fortuitous textures,
rays of sunlight engrave their history in stone
air and humidity write their song.
I walk today's long path
in silence.

Infinite carpet of words
the thought inebriates,
houses born on cliffs
yellow and pink walls shimmer
eternal stairwells, rhythmic steps
oneiric and hallucinatory sea,
Sun that punishes my back,
the gods watch over my movements.

Amalfi and Salerno, Campania, Italy June 8, 2015

POMPEYA

Cómo no escribir de ti Pompeya
calles con lunas de marfil
y eternos frescos en los muros
seductora casa del poeta
íntimo policromado espacio
Cronos grabado en la atmósfera
luz desde el techo crea
cuadros luminosos en el piso.
Enciende los mosaicos simétricos
tenue melancolía en la piel.

No soy la primera en andarte
ni en escribir de ti
me dan la bienvenida
intensos colores
de tus frescos
observo las pinturas
aspiro color por color
trazo por trazo
no te puedo tocar
ni profanar tu belleza.

Tus pisos advierten al viandante
que entre bajo su propio riesgo
no mientes
deseo silencio para disfrutarte
inhalo para absorber la esencia
de esta casa en los pulmones
retener los colores en la mirada
los cuerpos petrificados en la pupila
llevarte grabada en el corazón.
Una multitud me rodea.

Pompeya-Salerno, Campaña, Italia, 9 de junio de 2015

102

POMPEII

How can I not write you, Pompeii
streets with ivory moons
and eternal frescos on the walls,
seductive house of the poet
intimate polychrome space
Cronus engraved in the atmosphere.
Light from the roof creates
luminous squares on the floor
illuminating the symmetrical mosaics
tenuous melancholy on the skin.

I am not the first to walk you
or to write you.
Intense colors
from your frescos
welcome me.
I observe the paintings
inhaling color by color
stroke by stroke.
I cannot touch you
or besmirch your beauty.

Your grounds warn travelers
to enter at their own risk
don't lie.
I want silence to enjoy you.
I inhale to absorb the essence
of this house in my lungs,
retain the colors in my gaze.
The petrified bodies on my pupils
carry you engraved in my heart.
A multitude surrounds me.

Pompeii-Salerno, Campania, Italy June 9, 2015

EN LAS MANOS LA FLOR Y LA CARACOLA

Agua canta en la Piccola Fontana
semi oscuro y fresco ambiente
acalorada multitud en las calles
rosadas imágenes fotográficas
miradas lascivas, no me quedo atrás.
Muda recorro Pompeya
entro en la sobreviviente casa
ríos de incandescente lava
enterrada hasta el siglo XVIII.

Una maraña de restos la mantuvo
erguida. Sobrevivientes tonos
a pesar de la sepultura
pequeña fuente hipnotiza
conchas y caracolas la enmarcan
semicúpula roja seduce
manos rodean los oníricos
verdes y azules mosaicos
antes un mar de cenizas.

Miro este mágico ser
sirena de doble cauda
mitad mujer, mitad planta
mitad lacustre sueño
mujer de agua canta.
En las manos la flor y la caracola
corona de algas lleva
falda áurea cubre sus piernas
convertidas en olas de mar.

Corrientes marinas emanan
de la mujer, llaman.
El rojo cubre su dorado cuerpo.
¿Dónde estás mujer de agua?
Las olas la devoran una vez más
 el fuego le consume el alma
pasión rompe su corazón
palpita dolor en silencio
como yo.

En el tren de Roma a Venecia, Italia, 10 de junio de 2015

In Her Hands, the Flower and the Conch

Water sings in the Piccola Fontana
partially dark and fresh air
impassioned multitude in the streets
rosy photographic images
lascivious glances, I don't remain behind.
I crisscross Pompeii silently
entering a surviving house
rivers of incandescent lava
buried until the 18th century.

A jumble of remains kept it
intact. Tones of survival
in spite of the burial
small fountain hypnotizes
conches and shells frame it
red half dome seduces
hands surround the oneiric
green and blue mosaics
before a sea of ashes.

I observe this magical being
two-tailed siren
half woman, half plant
half lacustrine dream
water woman sings.
In her hands, the flower and the conch
she wears a crown of seaweed
golden skirt covers her legs
converted into waves on the sea.

Marine currents emerge
from the woman, they call out.
Red covers her golden body.
Where are you, water woman?
Waves devour her once again
fire consumes her soul
passion breaks her heart
she palpitates pain in silence
like me.

In the train from Rome to Venice, Italy June 10, 2015

GUÍAN CON CORRIENTES DE FUEGO LOS PASOS
Para Jenuine Poetess

Nacarada luz a través de las lucernas
haces luminosos desde el rojo cielo de espuma
los delfines se inquietan en los ígneos muros
enuncian su salvaje canción de fuego
mar azul en los muros de estas termas
la frescura abre los brazos
burbujas de tiempo en las bóvedas
Cronos me engulle con telúrica espuma
mármol blanco refresca los pies desnudos
sacro recinto, haces de luz lo penetra
apaciguan el fuego del tiempo
los delfines cantan, una vez más, en los muros
guían con corrientes de fuego los pasos
profanos, el suelo donde Cronos reina
rayos de ópalo a través de las lucernas
inundan el ancestral recinto.

Isla de Murano, Venecia, Veneto, Italia, 11 de junio de 2015

THEY LEAD THE WAY WITH CURRENTS OF FLAME
For Jenuine Poetess

Pearly light through chandeliers
luminous streaks from the red sky of foam
dolphins fret on igneous walls
articulating their untamed song of fire
blue sea on the walls of these thermal spas
coolness opens arms
bubbles of time in the vaults
Cronus devouring me with terrestrial foam
white marble refreshes bare feet
sacred venue penetrated by shafts of light that
appease the fire of time
dolphins sing, once again, on the walls
they lead the way with currents of flame
profane ground where Cronus reigns
opal rays through the chandeliers
flood the ancestral venue.

Murano Island, Venice, Veneto, Italy June 11, 2015

ATARDECER DE SANGRE

Mis rojos labios con el agua se hinchan
mientras el crepúsculo nace. Ahogados
cantos se deslizan en la corriente.

Rojo áureo del horizonte tiñe
el agua de sangre, ópalo lacustre
mi palpitante corazón.

¿Son estas las últimas palabras?
La ausencia navega por los canales
las golondrinas gritan en su vuelo.

Dorado crepúsculo llevas carmín
en los labios de la noche. El sol se da
por vencido con la distancia.

¿Son estos los últimos deseos?
Secreto mortal, sonido sordo del agua
poemas por escribirse.

Quien no haya probado
la frialdad de los cuerpos
que busque este atardecer de sangre.

Quizá el último, acuático pensamiento.
Los párpados se tiñen de la hora violeta.
El agua se hincha, ópalo lacustre el recuerdo.

Mutismo, muere. Las golondrinas
gritan en la oscuridad. ¿Son estos
los últimos versos?

Isla de Murano, Venecia, Veneto, 11 de junio de 2015

AFTERNOON OF BLOOD

My red lips swell with the water
while twilight is born. Muffled
songs skate upon the current.

Golden red of the horizon colors
the water blood red, my beating heart
lacustrine opal.

Are these my last words?
Absence navigates the canals
swallows cry out in flight.

Golden dusk you carry carmine
on the lips of the night. The sun
gives in to the distance.

Are these my last desires?
Mortal secret, hushed whisper of water
poems to be written.

Those who haven't experienced
the coldness of bodies
should search this afternoon of blood.

Perhaps the last, aquatic thought.
Eyelids painted with the violet hour.
Water swells, memory is lacustrine opal.

Silence, death. Swallows
cry out in the darkness. Are these
my last verses?

                Murano Island, Venice, Veneto, Italy June 11, 2015

PLATA LÍQUIDA DE LAS FUENTES

Música acuática brota de las fuentes
interrumpida por el andar de un vaporetto.
En mi paseo matutino las gaviotas vuelan
frente a la iglesia de San Donato.
Los puentes se vuelven círculos perfectos
en las tranquilas aguas del canal.
Agua de verde profundo teñida con hojas
de verano, halo rosado en el amplio horizonte.
Los vaporettos se deslizan en la esmeralda
mañana, escasos viandantes en mi presencia.
Plata líquida de las fuentes, corre espesa
e incesante, cristalina vida. En mi andar matutino
las misteriosas escalinatas de mármol revestidas
de algas verdes me dan la bienvenida. Conchas y
caracolas suenan a mi paso. Con destreza lacustre
sumerjo los pies en la líquida esmeralda.
Desde las fuentes, música acuática se entona y
un campanario repica palabras de fuego.

Isla de Murano, Venecia, Veneto, 12 de junio de 2015

110

LIQUID SILVER FROM THE FOUNTAINS

Aquatic music bursts from fountains
interrupted by the passing of a *vaporetto*.
On my morning walk seagulls fly
before the church of San Donato.
The bridges become perfect circles
in the tranquil waters of the canal.
Deep green water dyed with summer
leaves, pink halo in the wide horizon.
Vaporettos glide through the emerald
morning, few passersby beside me.
Liquid silver from the fountains, it runs thick
and endless, crystalline life. On my morning walk
mysterious marble staircases sheathed
in green seaweed welcome me. Seashells and
conches sound as I pass. With lacustrine skill
I submerge my feet in the emerald liquid.
From the fountains, aquatic music is intoned and
a bell tower chimes words of fire.

Murano Island, Venice, Veneto, Italy June 12, 2015

PALPITA EN LAS CAVIDADES

Torrente salmón en el horizonte.
Atraídas por la luz neón
de los aparadores se
pegan a los cristales las
almas perdidas. Resurgen
con la noche y algunas
se adelantan con el
crepúsculo. Emergen de
los lacustres caminos
no hay corales, ni quimeras
ni tritones que las detengan.
A las fantasmagóricas siluetas
se adhieren caracolas madreperlas
sus cabelleras son de algas
marinas que bailan con la
corriente del anaranjado viento
del anochecer. Las almas son atraídas
por la luz. Ahí donde ya no brilla el sol
el neón cala la oscuridad.
Sus ojos, ópalos lacustres
reflejan el dolor de
vidas pasadas. En silencio
deambulan por los canales
bajo los puentes de cristal.
Ríos de lava roja y fuego
las enloquecen, las excitan.
Muertos en vida, luz
de fuego, de la centellante arena
palpita en las cavidades
donde antes hubo música.
El sonido de las campanadas
las dispersa. No hay corales,
ni quimeras que las detengan.
A las diáfanas siluetas se adhieren
las caracolas madreperlas.
Sus ojos ópalos lacustres.
El violeta amanecer rompe el silencio.
El trinar de las aves llena las cavidades
donde antes hubo un corazón.

Isla de Murano, Venecia, Veneto, 12 de junio de 2015

IT PALPITATES IN THE HOLLOW SPACES

Salmon-colored stream on the horizon.
Attracted by the neon light
of shop windows
lost souls cling
to the glass. They reappear
with the night, some
precipitously at
twilight. They emerge from
lacustrine paths
there are no choruses or chimeras
or tritons to detain them.
Mother of pearl conches adhere
to their phantasmagoric silhouettes.
Their seaweed manes
dance with the current
of the orange wind at nightfall.
The souls are attracted by the light.
There, where sun no longer shines
neon soaks the darkness.
Their eyes, lacustrine opals
reflect the pain of
past lives. They wander
in silence through the canals
beneath glass bridges.
Rivers of red lava and fire
drive them wild, provoke them.
Living dead, light
of fire, of the sparkling sand
palpitates in the hollow spaces
where there used to be music.
The sound of the bell towers
scatters them. There are no choruses
or chimeras to detain them.
Mother of pearl conches adhere
to their diaphanous silhouettes.
Their lacustrine opal eyes.
The violet sunrise breaks the silence.
The warbling of birds fills the empty spaces
where previously there was a heart.

Murano Island, Venice, Veneto, Italy June 12, 2015

CON EL DESEO
Para Mariana Cano

Con el deseo se forja el nacimiento
motivo de celebración.
No hay olas de mar ni corrientes
submarinas que lo disturben.
Con el deseo se forja el sonido
una vez que se ha invocado la palabra
vórtice de emociones interrumpida sólo
por la luz del fondo del mar.
La vida se concibe a través de las células
que flotan en el agua.
Suaves movimientos las guían
hacia la luz, se mecen en la esperanza.
Las ballenas entonan la sagrada canción
del silencio, motivo de celebración.
Con el deseo se forja la palabra
batir de olas, pulsaciones en el vientre
centro de la tierra, el mar lo inunda todo
con fuerza, torrente de líquida turquesa.

Isla de Murano, Venecia, Veneto, Italia 13 de junio de 2015

WITH DESIRE
   For Mariana Cano

With desire the birth is forged
motive for celebration.
There are no waves in the sea
or submarine currents to disturb it.
With desire sound is forged.
Once the word has been invoked
vortex of emotions interrupted only
by the light of the depths of the sea.
Life is conceived through cells
that float on the water.
Gentle movements guide them
toward the light, they rock in hope.
Whales intone the sacred song
of silence, motive for celebration.
With desire the word is forged
beating of waves, pulsations in the belly
center of the earth, the sea floods everything
with intensity, torrent of turquoise liquid.

   Murano Island, Venice, Veneto, Italy June 13, 2015

LECTORAS DE LLUVIA

La superficie del agua lleva la marca del viento
esta mañana, acarrea el crujir de los maderos y
el sonido de botes golpeándose uno contra otro.

Las gaviotas, lectoras de lluvia, dominan
el acerado cielo. Los solitarios y silenciosos
puentes conectan cada lado del canal.

El árbol junto al campanario de san Donato
susurra su verde canto, como si la lluvia
estuviera enredada en la abundante fronda.

Las gaviotas con sus agudas voces excitan la atmósfera.
Bruma nacarada llega, penetra el canal imperceptiblemente.
Cruzo el puente, viento entre las hojas, aroma a algas.

Descubro puertas que se abren al vacío.

Llego hasta la última orilla y en silencio
el erguido faro de marfil me indica el camino
al cementerio de agua cubierto por bruma.

 Caronte al frente y al fondo Venecia.

Mis ojos se detienen en un cúmulo de rocas
revestidas por algas. A mi izquierda un cangrejo
descansa en el lecho marino, luego salta.

Otra vez las gaviotas y el crujir de los maderos.
El acerado cielo anuncia la lluvia y una áurea pincelada
hiende el horizonte, nubes grises a su alrededor.

El viento ulula y otra vez las gaviotas, lectoras de lluvia.
Una, en picada, estrella su pico amarillo contra la superficie
del agua que el viento marcó esta mañana.

Al fondo Venecia, entre la bruma, silencio sepulcral.
Llueve. Las lentas olas en la laguna son densas, sorprendidas
por círculos creados por gotas de lluvia y perfume de algas.

Isla de Murano, Venecia, Veneto, Italia, 12 de junio de 2015

READERS OF RAIN

The surface of the water wears the mark of the wind
this morning, giving rise to the creaking of ships and
the sound of rowboats knocking into each other.

Seagulls, readers of rain, dominate
the steel-tipped sky. Solitary and silent bridges
connect either side of the canal.

The tree next to the San Donato bell tower
whispers its green song, as if the rain
were twisted in the abundant foliage.

The seagulls with their shrill voices excite the atmosphere.
Pearly haze seeps in, penetrating the canal imperceptibly.
I cross the bridge, wind among the leaves, scent of seaweed.

I discover doors that open into the void.

I reach the last shore and in silence
the imposing ivory-colored lighthouse indicates the path
to the cemetery of water covered by haze.

 Charon before me and Venice behind.

My eyes pause on a pile of rocks
shrouded in seaweed. To my left a crab
unwinds on the marine bed, then jumps.

Again the seagulls and the creaking of the ships.
The steel-tipped sky announces rain as a golden brush-stroke
pierces the horizon, gray clouds surround it.

The wind wails and again the seagulls, readers of rain.
One, plummeting, plunges its yellow beak into the surface
of the water that the wind marked this morning.

In the distance Venice, through the haze, sepulchral silence.
It's raining. The slow waves in the lagoon are dense, surprised
by circles created by raindrops and seaweed perfume.

Murano Island, Venice, Veneto, Italy June 12, 2015

117

NO HAY MÚSICA ESTA MAÑANA

Como paloma vuelo, soleada mañana
montada entre vaporettos en el gran canal.
Agua azul, ondas leves, calor dorado.
La plaza de San Marcos, majestuosa
sus dos columnas me reciben, luego
el Campanile y la torre dell'Orologio.
Me sumerjo en la muchedumbre
me vuelvo anónima
nadie sabe que soy poeta
que me siento libre en las plazas de Venecia
que el león y San Marcos
me dan fuerza y de pronto
me topo con aquella mesa de aluminio
donde jugábamos a ser felices
donde escuchamos música, soñábamos.
Bromeamos al decir que
comimos el bocado más caro del
mundo y no nos importó.
Me golpea el recuerdo en el pecho.
Un escalofrío recorre la espalda.
Paso de frente, en silencio, cabizbaja.
No hay música esta mañana.
Las palomas al verme me abren paso.
Continúo mi camino con grilletes en los pies.

Vencia, Veneto, Italia 13 de junio de 2015

THERE IS NO MUSIC THIS MORNING

I fly like a dove, sunny morning
mounted between vaporettos on the grand canal.
Blue water, mild waves, golden heat.
The plaza of San Marco, majestic
its two columns receive me, then
the Campanile and the Torre dell'Orologio.
I immerse myself in the crowd
become anonymous
no one knows I'm a poet
that I feel free in Venice's plazas
that the lion and San Marco
give me strength and suddenly
I bump into that aluminum table
where we pretended at happiness
where we listened to music, dreamed.
We joked when we said
we had eaten the most expensive sándwich in the world
and we didn't care.
The memory a blow to the chest.
A shiver runs down my back.
I walk by, silently, head down.
There is no music this morning.
The doves move aside when they see me.
I continue walking with shackles on my feet.

Venice, Veneto, Italy June 13, 2015

SIERPE ÁUREA

El agua se tiñe de amarillo
en el horizonte un halo dorado resplandece
es la hora en la que las sierpes áureas
emergen desde el fondo.

Te engañan, seducen con sus movimientos
el agua se hincha, agua alta, agua alta
chapotea en las misteriosas escalinatas de mármol
invita a entrar, acqua alta, marea alta.

Las algas se desdoblan y persiguen mis pasos
se enredan entre mis pies desnudos
las siento resbalosas, frías y suaves
me gusta cómo acarician mis pies, se meten

entre los dedos y, pienso, todo está en venta
menos las abuelas que viven del otro
lado del puente, un par de mortales
se cruza en mi camino, deambulan como

muertos en vida, buscan los cementerios
de agua, agua alta, donde las higueras nacen
hasta en los muros, cementerio de agua
el agua alta se desborda, moja mis pasos.

Sierpes áureas seducen con sus movimientos
no puedo escapar, conducen
mi andar a las bellas escalinatas
de mármol, misterio lacustre.

Verdes algas suaves me cubren los pies.
El agua se tiñe de amarillo, el cementerio
brilla con la nacarada niebla a lo lejos
las olas son suaves, densa esmeralda.

Una sierpe áurea penetra mi oído izquierdo.

Isla de Murano, Venecia, Venetto, Italia, 13 de junio de 2015

GOLDEN SERPENT

The water turns a yellow hue
on the horizon a golden halo shimmers
it's time for the golden serpents
to emerge from the bottom.

They trick you, seduce you with their movements
the water swells, high water, high water
splashes on the mysterious marble staircases
it's appealing, *acqua alta*, high tide.

Seaweed bends and pursues my steps
it tangles around my bare feet
it feels slippery, cold and smooth
I like how it caresses my feet, slipping

between my toes and, I think, everything's for sale
except the grandmothers who live on the other
side of the bridge, a couple of mortals
who cross my path, they wander like

the living dead, they search cemeteries
of water, high water, where fig trees arise
even on walls, cemetery of water
the high water overflows, wetting my feet.

Golden serpents seduce with their movements
I cannot escape, they control
my steps to the beautiful marble
staircases, lacustrine mystery.

Smooth green seaweed covers my feet.
The water turns a yellow hue, the cemetery
shines with the distant pearly fog,
the waves are smooth, dense emerald.

A golden serpent penetrates my left ear.

Murano Island, Venice, Veneto, Italy June 13, 2015

EL ACUÁTICO SUEÑO NO LLEGA

Inmaculada noche sin luna
extraña luz de la oscuridad
distingo en el cielo blanco
la silueta de la higuera
no hay luna llena
el calor y la humedad
me despiertan
no hay música
ni lejos ni cerca
sólo el rumor del agua
y aroma a algas
alba noche
el acuático sueño no llega
retomo a Paul Verlaine
y a mí izquierda Dylan Thomas
noche de insomnio y humedad
los primeros pájaros trinan
densas nubes del amanecer
en mis manos poesía
arrullada por la súbita lluvia
el cielo ruge lanzas de luz

Isla de Murano, Venecia, Veneto, Italia, 14 de junio de 2015

THE AQUATIC DREAM DOESN'T APPEAR

Immaculate moonless night
strange light of darkness
in the white sky I make out
the silhouette of the fig tree.
There is no full moon.
Heat and humidity
wake me.
There is no music
neither near nor far
only the murmur of water
and scent of seaweed
dawn night.
The aquatic dream doesn't appear.
I take up Paul Verlaine again
and on my left Dylan Thomas.
Night of insomnia and humidity.
The first birds chirp
dense clouds of daybreak.
In my hands poetry.
Lulled to sleep by the sudden rain
the sky rumbles spears of light.

Murano Island, Venice, Veneto, Italy June 14, 2013

CEMENTERIO

Al cementerio me lleva
este andar sin rumbo
entre Murano y Venecia
mas no tengo muertos
mi cementerio fue privado
en el bosque de niebla
donde las mariposas
lloraban las pérdidas.

¡No hay muertos!

Esta agua me jala
siempre, Caronte abre
los brazos pero aún
no es mi tiempo.
Soy canto y ritmo
pasión y fuego
noche en la playa
poema en la página.

¿Es que todo está perdido?

Murano, Venecia, Veneto, Italia 15 de junio de 2015

CEMETERY

Wandering aimlessly
I come to the cemetery
between Murano and Venice
but I have no dead.
My cemetery was private
in the forest of fog
where the butterflies
lamented their losses.

There are no dead!

This water pulls me
always, Charon opens
his arms but it's still
not my time.
I am song and rhythm,
passion and fire,
night on the beach,
poem on the page.

Is everything lost?

      Murano Island, Venice, Veneto, Italy June 15, 2015

FELICIDAD POÉTICA

Sendero de libros entre mi escritorio de madera
y la biblioteca en este ocasional andar veraniego.
Elliot, Verlaine, Dylan Thomas, Skármeta, Keats
Quasimodo y Lorca han pasado por mis manos en
estos días de felicidad poética. Salgo de mi escondite
abro la reja y las celestiales golondrinas me
acompañan entre paredes de jazmín, clematis púrpuras
y azuladas hortensias. Giro a la izquierda, unos pasos más
y otra vuelta a la derecha, en la esquina un hermoso magnolio.
Mi vista frente al campo San Bernardo. Edificios anaranjados
en ambos flancos, una señora me observa, arriba, a mi izquierda.
A mi derecha, el hombre que afuera se sienta en camiseta
con su gato, dibuja desde la puerta.

Paso el café con sus mesas de aluminio, el campanario
de San Donato a mi izquierda y la carnicería con sus aparadores
llenos de frascos en conservas. Entro en la calle de Mistro
con sus interminables ráfagas de viento. Al fondo, como
una opalescente lacustre promesa, el canal grande de Murano.
Un jardín secreto a mi derecha con la rueda de carreta hecha
maceta, gatos en las ventanas, a veces de carne y hueso,
otras imágenes inventadas. Sigo el largo andar y en la esquina
delicioso aroma a galletas. No resisto, un aragostino al limone
para llevar y morderlo en el puente. En la parte más alta,
el primer beso en el cuello me ofrece su dulce y crujiente sabor.

Avanzo y al otro lado el cometa de Murano. A mi espalda
la iglesia de San Pietro Martire. Cruzo el segundo puente
y a mi derecha todo lo largo del canal, a mi izquierda, múltiples
tiendas con joyas y cuentas de policromado cristal. Mi vista descubre
un pequeño campo con flores violetas y árboles rosados.
Continúo hasta vislumbrar el amarfilado faro. Izquierda y otra vez
izquierda hasta llegar a mi pequeño santuario, bella y
amigable biblioteca de Murano.

Murano, Venecia, Veneto, Italia 16 de junio de 2015

POETIC HAPPINESS

Path of books between my wooden desk
and the library on this occasional summertime walk.
Elliot, Verlaine, Dylan Thomas, Skármeta, Keats,
Quasimodo and Lorca have passed through my hands during
these days of poetic happiness. I leave my hideout,
open the gate and the celestial swallows
accompany me between walls of jasmine, purple clematis
and bluish hydrangeas. I turn left, a few steps further
and another turn to the right, on the corner a beautiful magnolia
tree. My view facing the San Bernardo field, orange buildings
on both sides. A woman observes me, from above, on my left.
On my right, a man sits outside in a t-shirt
with his cat, drawing from his doorway.

I pass the café with its aluminum tables, the San Donato bell tower
on my left and the butcher with its windows
full of jars of preserves. I enter Mistro Street
with its endless gusts of wind. At the end,
like an iridescent lacustrine promise, Murano's Grand Canal.
A secret garden on my right with the wagon wheel turned into
a flowerpot, cats in the windows, sometimes in the flesh,
other times invented images. I continue the long walk,
delicious cookie smell on the corner.
I can't resist an *aragostino al limone* to go
biting into it on the bridge. At the highest point,
the first kiss on the neck offers me its sweet crunchy flavor.

I move forward, the Comet of Murano on the other side. Behind me
the church of San Pietro Martire. I cross the second bridge
and on my right the whole length of the canal, on my left, multiple
stores with jewels and polychrome glass beads. I discover
a small field with violet flowers and pink trees.
I continue until making out the ivory-colored lighthouse. Left
and once again left until reaching my small sanctuary, beautiful
and friendly Murano library.

                Murano Island, Venice, Veneto, Italy June 16, 2015

AGITADAS AGUAS

Sonoros truenos en la noche, descubro el viento
de la tempestad desde un balcón de Venecia.
Canto sordo en la tormenta, agua y viento, pasión
desatada, trémula barca, relámpagos que cortan
la noche, fuego en el cielo. Ya no es miedo lo que
siento, solo ausencia. Mis dioses me reclaman.
Me embarco a mi isla, sendero de agitadas aguas
las olas son tu aliento, tu sangre, tu alma que canta.
Hombre de agua, hombre viento, viento
ya no hay dolor, solo ausencia con el ritmo
de esta noche de tormenta, soplo de agua.
Desembarco en mi oscuro puerto, la noche me reclama.
Se abre la oscuridad ante mi solitario paso,
la lluvia deslava mi huella. En el cielo, fuego que
abre la noche, viento, canto de agua, mi dios se desgarra
viento, viento, viento, ulula su alma, hiende la mano
que escribe, márcala con el aroma de la tormenta.
Reclámame hombre de agua, canta, siente los ritmos guiados
mano que escribe, inunda la opalescente página
viento, viento, habla, susurra su nombre, inúndame
con lluvia, con sílabas de agua, agua, agua, vibra
conmigo en la noche, sendero de agitadas páginas.
Ya no es miedo lo que siento, solo agua, nacarada
niebla que entra en la página. Oscuro puerto de agua deslava
mi huella, engulle mi solitario andar.

Isla de Murano, Venecia, Veneto, Italia, 17 de junio de 2015

AGITATED WATERS

Resounding thunder in the night, I discover the wind
off the storm on a balcony in Venice.
Muffled song in the squall, water and wind, passion
unleashed, heaving boat, lightning that cuts
the night, fire in the sky. It's no longer anxiety that
I feel, only absence. My gods reclaim me.
I embark to my island, path of agitated waters
the waves are your breath, your blood, your soul that sings.
Man of water, man of wind, wind,
there's no longer pain, only absence with the rhythm
of this stormy night, breeze of water.
I disembark at my dark port, the night reclaims me.
Darkness opens before my solitary steps,
the rain washes away my footprints. In the sky, fire
opens the night, wind, song of water, my god is torn apart.
Wind, wind, wind, howling out its soul, rend the hand
that writes, mark it with the scent of the storm.
Reclaim me, man of wáter. Sing, feel the guided rhythms.
Hand that writes, flood the lustrous page.
Wind, wind. Talk, whisper the name, flood me
with rain, with syllables of water, water, water. Vibrate
with me in the night, path of agitated pages.
It's no longer anxiety that I feel, just water, pearly
fog that enters the page. Dark port of water
washes away my footprints, devours my solitary stride.

Murano Island, Venice, Veneto, Italy June 17, 2015

CARACOLA

Soy femenino ritmo que corre entre
las arterias y venas, luz dorada de verano.
La otra música en el aire, vainilla en la memoria.
Soy delicadeza, canto de aves al amanecer
poesía que se inhala, agua turbulenta
agua alta y baja, hipérbole de mi misma
y metáfora en la página. Soy rayo de luz en
la memoria, efímero silencio, libertad en los pasos,
barca a la espera en la playa. Ritmo en
el vientre. Soy hembra, perfume en los labios
esencia de mujer en la mirada. Vibro con
el recuerdo, lloro con la luz contenida en el lienzo.
Me estremezco con música de cámara.
Soy paladar que absorbe vino tinto que embriaga.
Soy baile en la playa, recuerdo de mujer.
Instante que se esfuma, canto que emerge
del centro, aroma que se impregna
en la piel. Sentimientos esgrafiados
en la espalda. Soy canción de otoño, memoria
de caracola, un instante frente al mar, palabras
por escribirse en la página. Tinta que corre en
el tintero, áureo recuerdo en los labios.
Soy ritmo que se lleva en la piel.

Isla de Murano, Venecia, Veneto, Italia 18 de junio de 2015

130

Conch

I am feminine rhythm that runs between
the arteries and veins, golden summer light.
The other music in the air, vanilla in the memory.
I am delicacy, bird songs at daybreak
poetry inhaled, turbulent water
high and low water, hyperbole of myself
and metaphor on the page. I'm a ray of light in
the memory, ephemeral silence, liberty of
movement, boat waiting on the beach. Rhyme in
the belly. I'm female, perfume on the lips
essence of woman in the gaze. I vibrate with
memory, cry with the light contained on the canvas.
I tremble with chamber music.
I'm a palate that absorbs red wine that inebriates.
A dance on the beach, memory of woman.
Instant that vanishes, song that emerges
from the center, aroma that soaks
the skin. Sentiments graffited
on the back. I am autumn song, memory
of conch, an instant before the sea, words
to be written on the page. Ink that runs in
the inkwell, golden memory on the lips.
I am rhythm that is worn on the skin.

Murano Island, Venice, Veneto, Italy June 18, 2015

TORCELLO

Las piedras susurran en el silencio de tu espacio
la historia, el principio y el fin, de tu bahía aprisionada.
Caminos romanos bajo el agua a ciudades perdidas guían.
Atila en tu suelo dejó marcados sus pasos, el canto profundo
de su voz, el grito de guerra, sagrada palabra.

Pecados cristianos en los muros atemorizan y asombran.
Dioses egipcios de barro de tu subsuelo emergen.
Pétreo Torcello murmuras los secretos de las hendiduras
revelas encuentros y traiciones. Ciénagas y celestiales notas
musicales flanquean el andar del viandante, lo llevan a tu centro.

Impresionistas campos de flores púrpuras y aves silvestres
invaden. El secreto de las hojas de metal se desdobla
lentamente, las piedras cuentan sus doradas pasiones
rojos amaneceres y noches púrpuras. Promesas guardadas
camino de agua, historia que fluye en la página.

Isla de Murano, Venecia, Veneto, Italia 19 de junio de 2015

TORCELLO

Stones whisper in the silence of your space
the history, the beginning and the end, of your imprisoned bay.
Roman walkways beneath the water lead to lost cities.
Attila marked his steps on your ground, the profound song
of his voice, the shout of war, sacred word.

Christian sins on the walls terrify and startle.
Egyptian clay gods emerge from your subsoil.
Rocky Torcello you murmur the secrets of the fissures
you reveal encounters and betrayals. Swamps and celestial
musical notes flank the path of passersby, taking them to your
center.

Fields of impressionist purple flowers and wild birds
invade. The secret of the metal sheets slowly
unfolds, the stones tell their golden passions
red sunrises and purple nights. Promises kept
path of water, history that flows on the page.

Murano Island, Venice, Veneto, Italy June 19, 2015

Cosido con lumbre y agua

Con delicado encaje se hilvanan los puentes
seres mitológicos se diseñan con la aguja
las piedras preciosas cobran vida con el fino hilo
manos fuertes te engendran, Burano de lazos y arpones
la tradición de la aguja tus habitantes llevan
el fuego de la luna bordado en el pecho, cosido con lumbre y agua.

Penetrar el agua y el aire con los punzantes hierros
el fluir de la bermeja sangre es tu historia
tus canales, corrientes de voces lacustres
el eco de tu vida lo llevan los policromados muros
tus plazas entonan los susurros cotidianos
tus redes tejidas por masculinas y femeninas manos.

Burano de hilos, urdimbre de pescadores, arpones y agujas
tus barcas llevan aletas del pez de plata, cajas de espinas
sol del Veneto reflejado en la opalescente mirada de tus tejedoras
sueños lacustres de tus pescadores tatuados en la piel
la historia insertada entre las escamas y los huesos
sangre fluye en tus canales lentamente.

Isla de Murano, Venecia, Veneto, Italia 19 de junio de 2015

SEWN WITH FIRE AND WATER

With delicate lace the bridges are joined
mythological beings design with a needle
precious stones gather life with fine thread
strong hands engender you, Burano of bows and harpoons
your inhabitants carry the tradition of the needle
moon blaze embroidered on the chest, sewn with fire and water.

Penetrate the water and air with sharp-pointed irons
the flow of crimson blood is your history
your canals, currents of lacustrine voices
your life's echo is carried by polychrome walls
your plazas intone the daily whispers
your nets woven by masculine and feminine hands.

Burano of threads, fishermen intrigues, harpoons and needles
your boats carry fins of silvery fish, boxes of fish bones
Veneto sun reflected in the shimmering gaze of your lace makers
lacustrine dreams of your fishermen tattooed on the skin
history inserted between the scales and the bones
blood flows slowly in your canals.

Murano Island, Venice, Veneto, Italy June 19, 2015

LLEVA MI SANGRE EN TU CORRIENTE

Hay ciudades a las que vuelvo una y otra vez
me llaman sus muros, su arte, su historia en las fuentes.
Hoy, tu domo, tus esculturas y tu color, Florencia.
Calles y plazas que camino con pasos vírgenes
que me llevan sin yo proponérmelo
hacen detenerme para admirar la casa de Dante
un puente, un fresco, un rostro de bronce.

Hay ciudades que llaman con su música
tú me llamaste con lluvia y rayos de sol, Florencia.
Tu *Primavera* me espera para que cante mi poema.
El solsticio se acerca, la noche será larga y dorada.
Tus callejuelas seducen, el ritmo de la gente
embelesa, camino exhausta los últimos recovecos
y secretos que esperan ser descubiertos.

El mármol me llama, los frescos han traspasado
su polícroma tinta a mi piel. Canto la canción del río
los puentes responden a las sílabas de agua.
Fluye Arno, fluye y lleva mi sangre en tu corriente
mi aroma, mi poesía. Absorbo esta áurea música
ritmo y fuerza, agua brava, el Arno me arrastra
mi poesía se nutre de él.

Florencia, Toscana, Italia 20 de junio de 2015

CARRY MY BLOOD IN YOUR CURRENT

There are cities I return to over and over
their walls, their art, the history in their fountains call me.
Today, your duomo, your sculptures and your color, Florence.
Streets and plazas I walk with virgin steps
that move me, beyond my control
making me stop to admire Dante's house
a bridge, a fresco, a bronze face.

There are cities that call with their music
you called me with rain and sunshine, Florence.
Your *Primavera* awaits me to sing my poem.
The solstice approaches, the night will be long and golden.
Your alleyways seduce, the rhythm of the people
captivates, exhausted I walk the last corners
and secrets that remain to be discovered.

Your marble calls me, the frescos have transferred
their polychrome ink to my skin. I sing the song of the river
your bridges respond to the syllables of water.
Flow Arno, flow and carry my blood in your current
my aroma, my poetry. I absorb this golden music
rhythm and strength, rough water, the Arno sweeps me along
it nourishes my poetry.

Florence, Tuscany, Italy June 20, 2015

BUSCO LA LUZ

¡Cuántas emociones juntas!
La ansiedad, el amor, la ira, los celos
la tristeza en un ramillete de flores
azules y trémulos pétalos. En mis manos nada.
Hoy estoy en Florencia ante el solsticio de verano
veintiuno de junio, la luz apenas se expande
abro mis ojos a este día, donde en soledad
escribo estas líneas. Paciencia en el alma
poesía para este día, busco la luz y
aún es de noche, el día comienza con
estas sílabas de opalescente agua. Recibo el canto
de las golondrinas, las que me persiguen
estos días. Ayer, los colores de esta ciudad
La Primavera y El Nacimiento de Venus
les he cantado mis versos mientras
el Arno fluía majestuosamente
pequeño destello áureo de soledad en el alma
silencio continuo en las entrañas
comienzo mi día en Florencia
para llenarme de polícromas letras
para capturar la esencia y los pasos
de los que caminaron en estas calles
antes que yo. Botticelli, Miguel Ángel, Dante,
Raffael, Leonardo DaVinci, me observan
la trémula mano tocan, notan con sus
agudas miradas mi poesía, plasmo estas
letras en su honor, vibra la cristalina aurora
en mi ventana, tatúo en mi piel sus nombres.

Florencia, Toscana, Italy 21 de junio de 2015

I Seek the Light

So many emotions combined!
Anxiety, love, anger, jealousy
sadness in a bouquet of blue flowers
and quivering petals. Nothing in my hands.
Today I'm in Florence before the summer solstice
June twenty-first, the light has hardly spread
as I open my eyes to this day, where I write
these lines in solitude. Patience in the soul
poetry for this day, I seek the light and
it's still dark, the day begins with
these syllables of shimmering water. I receive the song
of the swallows, they follow me
these days. Yesterday, the colors of this city
Primavera and The Birth of Venus
I sang them my verses while
the Arno flowed majestically
small golden flash of solitude in my soul
continuous silence at my core
I begin my day in Florence
to fill myself with polychrome letters
to capture the essence and the steps
of those who walked these streets
before me. Botticelli, Michelangelo, Dante,
Raphael, Leonardo da Vinci, they observe me
touch my tremulous hand, note with their
pointed gazes my poetry, I compose these
letters in their honor, the crystalline sunrise vibrates
in my window, I tattoo their names on my skin.

Florence, Tuscany, Italy June 21, 2015

BÁLSAMO DE JADE

Frente al Arno me detengo, bálsamo de jade
para disfrutar sus esmeraldas aguas
el corazón fluye con intensidad ante su mansa corriente
a la distancia los puentes, arcos floridos
en mis manos Quasimodo, el poeta
líneas doradas en las páginas como
este atardecer de verde y rosada filigrana celeste
mi andar continúa silenciosamente, capturo la poesía
de estas calles adoquinadas, Florencia divina
el arte me hechiza en cada esquina, en cada torre
Medusa sisea seductores cantos, la cabellera baila sensualidad
Baco me convida bermeja poesía y dionisiacos aromas
un mar me muestra sus tesoros nacientes, hermosa Venus
los céfiros exhalan sus divinos alientos en mi piel
me hacen flotar entre poesía, letras que engendro
y sueño con una noche eterna, música en el aire
un desafiante David me inspira fortaleza
Leda y el Cisne me disturban secretamente
el mercurio volante toca mi mano derecha, la piel se eriza
Quasimodo me ha robado el corazón con sus versos
sed de palabras, quiero sentir las páginas
en esta bella ciudad. Explotar de alegría por
tan sólo un instante, tomo asiento entre los gigantes
de mármol, suspiro, me conmuevo ante
la belleza que se desborda, Quasimodo me llama
una vez más, recita sus líneas con calma
en voz baja, sin prisa, para mí.

Florencia, Toscana, Italia, 22 de junio de 2015

JADE BALM

I stop before the Arno, jade balm
to enjoy its emerald waters
my heart flows with intensity before its gentle current
in the distance the bridges, floral arches
in my hands Quasimodo, the poet
golden lines on the pages like
this twilight of green and pink celestial filigree
my steps continue silently, I capture the poetry
of these cobblestone streets, divine Florence
art enchants me on every corner, in every tower
Medusa hisses seductive songs, her hair dances sensuality
Bacchus offers me auburn poetry and dionysian aromas
a sea shows me its nascent treasures, beautiful Venus
the zephyrs exhale their divine breath on my skin
they make me float among the poetry, letters I engender
and I dream about an eternal night, music in the air
a defiant David inspiring strength
Leda and the swan secretly disturbing me
flying Mercury touches my right hand, my skin quivers,
Quasimodo has stolen my heart with his verses
thirst for words, I want to feel the pages
in this beautiful city. Explode with happiness for
just an instant, I take a seat between the marble
giants, I sigh, I am moved before
overflowing beauty, Quasimodo summons me
once again, he recites his lines calmly
softly, unhurriedly, just for me.

Florence, Tuscany, Italy June 22, 2015

EN SU CABALLO SONRÍE

Éxtasis en los altos muros llenos de luz
en la Scuola Grande di San Rocco.
Mis polícromas lágrimas por las mejillas.
Si hay un lugar que exude color es éste.
Los tamaños impresionantes me abrazan.
Las imágenes y los tonos me seducen.
Sobrecogimiento ante las formas, los diseños
los nombres de cada uno de los artistas, Tintoretto
Trevisani, Carena, Ricci, Bellini entre tantos más.

Dorado, rosado, marrón, anaranjado tiñen la piel.
Las pupilas se dilatan ante la luz, el cuerpo se tensa de emoción.
Color plasmado en los muros, en los techos, en el piso.
Eterna fuerza de las manos creadoras.
El tallado en madera, el mármol, los diseños, belleza por doquier.
Arte omnipresente, te siento poesía fluir dentro de mí.
Vibro ante la luz, el arte me impregna, las palabras nacen.
Tintoretto en su caballo sonríe. Tiemblo, siento, tiemblo, vibro
existo ante el color. Palpitante mano la que escribe.

Isla de Murano, Venecia, Veneto 23 de junio de 2015

ON HIS HORSE HE SMILES

Ecstasy on the soaring walls full of light
in the Scuola Grande di San Rocco.
Polychrome tears on my cheeks.
If there's a place that radiates color it is this one.
The impressive dimensions embrace me.
The images and tones seduce me.
Wonder before the forms, the designs
the names of every one of the artists, Tintoretto
Trevisani, Carena, Ricci, Bellini, among others.

Gold, pink, brown, orange dye the skin.
Pupils dilate in the light, the body tenses with emotion.
Color captured on the walls, the ceilings, the floor.
Eternal strength of the creative hands.
The sculpted wood, the marble, designs, beauty high and low.
Omnipresent art, I feel you poetry flow within me.
I vibrate before the light, art spreads through me, words are born.
Tintoretto on his horse smiles. I tremble, feel, tremble, vibrate
I exist before the color. Enlivened hand that writes.

Murano Island, Venice, Veneto, Italy June 23, 2015

ARABESCOS DE HOJAS SECAS

El árbol pinta con flores la superficie del agua
antes de la lluvia. Céfira mano guía el pincel
de pétalos en el lacustre lienzo, vórtice
de emociones, apacible río imaginario.

La tormenta acecha, viento ululante.
Las conchas y caracolas son arrastradas desde
el fondo del mar llenas de melancolía hasta el río.
Cantan en su furiosa ruta la canción del olvido.

El sepulcral silencio antes de la tormenta
completa la mínima quietud de mi alma.
La tormenta llega, perlas golpean la superficie
con rabia, saetas mercuriales traspasan el río.

Las caracolas se hinchan y la canción del nocturno
búho brota de sus vientres. Las conchas se inflaman
de recuerdos en este imaginario río que recibe
del mar su alimento.

Neptuno a lo lejos da rienda suelta a sus potentes
caballos. Las olas arrecian, turbulenta corriente
del río. El color se mezcla en el agua, malvas burbujas
escapan de los tritones, mi alma rompe el silencio.

El búho anuncia la canción del olvido, la superficie
cristalina está rota, ya no hay pétalos policromáticos
que la pinten y le den vida, vórtice de emociones.
Arabescos de hojas secas en las agitadas aguas.

La Isla de Murano, Venecia, Veneto 24 de junio de 2015

ARABESQUES OF DRIED LEAVES

The tree paints with flowers the surface of the water
before the rain. Zephyr hand guides the petal
paintbrush on the lacustrine canvas, vortex
of emotions peaceful imaginary river.

The storm lies in wait, howling wind.
Full of melancholy conches and seashells
are dragged from the depths of the sea to the river.
They sing on their furious route the song of forgetting.

Sepulchral silence before the storm
completes the minimal stillness of my soul.
The storm arrives, pearls strike the surface
with fury, mercurial arrows penetrate the river.

Conches swell up and the song of the nocturnal owl
surges from its core. Conches are inflamed
with memories of this imaginary river that receives its
nourishment from the sea.

Neptune in the distance unharnesses his powerful
horses. The waves intensify, turbulent current of the river.
Color mixes in the water, mauve bubbles
escape the tritons, my soul breaks the silence.

Owl announces the song of forgetting, the crystalline
surface is broken, there are no more polychrome petals
to paint it and give it life, vortex of emotions.
Arabesques of dried leaves in the agitated waters.

       Murano Island, Venice, Veneto, Italy June 24, 2015

VINO CELESTE

Safo en Murano, la otra isla del destierro
tus versos me hablan, inesperada gentil sorpresa
entre las páginas de Quasimodo.

Tus letras vida me dan, Safo de las Pléyadas.
Afrodita nos invita, en copas de oro, el claro vino celeste
de la lluvia.

Me conmuevo al estar con tres deidades
y alzo mi copa a la poesía.

Isla de Murano, Venecia, Veneto 24 de junio de 2015

CELESTIAL WINE

Sappho in Murano, the other island of exile
your verses speak to me, unexpected pleasurable surprise
among the pages of Quasimodo.

Your letters give me life, Sappho of the Pleiades.
Aphrodite invites us, in glasses of gold, pale celestial wine
of the rain.

It moves me to be with three deities
and I raise my glass to poetry.

       Murano Island, Venice, Veneto, Italy June 24, 2015

SUSURROS EN LA ATMÓSFERA

Polvo de oro cubre el agua de Venecia
esta mañana. Las gaviotas no se han
fijado en mí, hace frío en esta barca a
la deriva. El viento salvaje de la laguna
corre por doquier, alborota mi pelo negro.
Voy en busca de Marco Polo, su fantasma.
Los ecos de sus pasos encerrados en este
áureo sendero me llaman. Los caracteres negros
de *Il Milione* enclaustrados en las páginas.
Milenaria memoria frente a mí, los dedos crecen.
Nadie sabe que soy coleccionista de palabras
de susurros en la atmósfera, de sonidos acuáticos
de pasiones contenidas en caracolas y bivalvos de
estas mezcladas aguas de Venecia, de los secretos
más íntimos, de besos robados. Soy poeta en esta
barca a la deriva, la nave de los locos, quiero pensar.
Prisionera de Cronos en este dorado laberinto de agua.
Oro líquido es el agua de Venecia esta mañana.
Ulula viento mi canto, llévalo al fondo del mar
junto con mis lágrimas.

Isla de Murano, Venecia, Veneto 25 de junio de 2015

WHISPERS IN THE AIR

Gold dust covers the water of Venice
this morning. The seagulls have not
sighted me, it's cold in this boat floating
adrift. The savage wind of the lagoon
races here and there, mussing my black hair.
I'm in search of Marco Polo, his ghost.
The echoes of his steps enclosed in this
golden path summon me. The black characters
from *The Travels* locked within the pages.
Millennial memory before me, my fingers grow.
No one knows I'm a collector of words
of whispers in the air, of aquatic sounds
of passions contained in conches and mollusks of
these intermingled Venetian waters, of the most intimate
secrets, of stolen kisses. I'm a poet in this
boat floating adrift, the ship of fools, I want to think.
I'm imprisoned by Cronus in this golden labyrinth of water.
Liquid gold is the water of Venice this morning.
Howl, wind, my song, drag it to the bottom
of the sea alongside my tears.

Murano Island, Venice, Veneto, Italy June 25, 2015

OBSIDIANA LÍQUIDA

Obsidiana líquida en la que navego
esta noche por primera vez
la barca se desliza en el negro espejo
lunas y estrellas reflejadas en esta
superficie, Caronte a mi lado me guía
almas dolorosas entonan aullidos nocturnos
Venus brilla en el cielo mostrándome el otro
camino, ya es tarde para mí, tengo sueño
mis párpados ceden a la oscuridad
absorben la líquida obsidiana
navego, sola, a la deriva.

Isla de Murano, Venecia, Veneto, 25 de junio de 2015

LIQUID OBSIDIAN

Liquid obsidian in which I sail
tonight for the first time
the boat glides upon the black mirror
moons and stars reflected on this
surface, Charon by my side guides me
sorrowful souls intone nocturnal laments
Venus shines in the sky showing me the other
path, it's already late for me, I'm tired
my eyelids are giving in to the darkness
they absorb the liquid obsidian
I sail, alone, adrift.

Murano Island, Venice, Veneto, Italy June 25, 2015

ALGUIEN MÁS CANTA MIS VERSOS

Hoy el agua y sus olas son mercurio puro.
Me hablan con sus densos movimientos.
Me deslizo sobre el espejo de plata y
en el cielo la tarde se ha convertido en noche.

Luz de luna entre las nubes.
Humo lunar pinta la negra bóveda.
Caronte en su silencio me deja ir.
Soy el último Pasajero.

Aún no es mi tiempo y en el cielo
las estrellas brillan con intensidad.

Llevo la luz en la mano izquierda
y el aroma a naranjas golpea
mi memoria, me trae a esta tierra.

El fuego me da la bienvenida.

Una pantera negra con ojos de lumbre
esmeralda detecta mi esencia, no es
mi tiempo, su piel se eriza a mi paso y
guía mi camino en silencio.

Ecos interminables en esta noche son mis pasos.
Lumbre quema la piel y es entonces
cuando recuerdo la poesía en los canales de Venecia.

Las sílabas de oro me llenan la mirada
mi voz renace y exhalo palabras.

Un libro se abre en la memoria.
Corren las páginas en otro lugar
alguien más canta mis versos.
Ya no soy la misma.

Isla de Murano, Venecia, Veneto 26 de junio de 2015

SOMEONE ELSE SINGS MY VERSES

Today the water and its waves are pure mercury.
They speak to me with their dense movements.
I glide across the silver mirror and in the sky
afternoon has turned to night.

Moonlight between the clouds.
Lunar smoke paints the black dome.
Charon in his silence lets me go.
I am the last passenger.

It's not my time yet and in the sky
the stars shine with intensity.

I carry the light in my left hand
and the scent of oranges strikes
my memory, brings me to this land.

Fire welcomes me.

A black panther with eyes of emerald
flame detects my essence, it's not
my time, its skin bristles as I pass by
it guides my path in silence.

My steps are endless echoes in this night.
Flames burn my skin and that is when
I remember poetry in the Venetian canals.

Syllables of gold fill my gaze
my voice is reborn and I exhale words.

A book opens in my memory
pages flipping in another place
someone else sings my verses.
I am no longer the same.

Murano Island, Venice, Veneto, Italy June 26, 2015

153

LA GARGANTA SE LLENA DE AGUA

La piel absorbe la sal, sus labios la sienten.
Cubierta de agua tiembla. Las caracolas suenan.
Incontrolable frío, rayo de luna que incita a los peces
opalescente mirada, se agitan, remolinos sin luz
vórtice del tiempo, Cronos respira.

Ella lo siente, el agua ha tocado su piel.
Nacarada mirada, lacustres colores en la pupila.
Siente el llamado del fondo del mar, el vaivén no
cesa, ya lleva la laguna tatuada en la piel y
con ella la historia del agua.

Verdes y traslúcidas algas son su larga cabellera.
Despierta del sueño para buscar el mar.
Un tridente se agita en el fondo, corrientes internas de agua
caminos hacia la verdad. En silencio la espera, afiladas
cúspides brillan, allá, muy dentro del agua.

Las caracolas rosadas vuelven a sonar, la guían.
Se le eriza la piel con la música y el agua en el paladar.
Remolinos sin luz, ondas sonoras transgreden su tiempo.
Ella canta, canta, canta en el fondo del mar.
La garganta se llena de agua.

Isla de Murano, Venecia, Veneto, Italia 26 de junio de 2015

HER THROAT FILLS WITH WATER

Her skin absorbs the salt, her lips feel it.
Covered with water she trembles. Conches blow.
Uncontrollable cold, moonbeam that incites fish
iridescent gaze, they stir, whirlpools without light
vortex of time, Cronus breathes.

She feels it, the water has touched her skin.
Pearly gaze, lacustrine colors on her pupils.
She feels the summons from the bottom of the sea, ceaseless rocking
she already carries the lagoon tattooed on her skin
and with it the story of water.

Her hair is translucent green seaweed.
She awakes from the dream to search the sea.
A trident waves in the background, internal currents of water
paths toward the truth. In silence, it awaits her, pointed
peaks shine, down there, very deep in the water.

Pink conches blow again, they guide her.
Her skin quivers with the music and the water in her throat.
Whirlpools without light, sound waves transgress time.
She sings, sings, sings in the depths of the sea.
Her throat fills with water.

Murano Island, Venice, Veneto, Italy June 26, 2015

155

LA PIEL

Jackson Pollock, los intermitentes brochazos
gotean tus ideas en el lienzo. Fuerza en el pincel.
Tridimensional textura eterna, *Alquimia* es tu vida
Venecia tu corazón.

Color llena de emoción el lienzo, transgrede el infinito
momento. Demonios en la superficie pintada
reflejo de interna energía. *Alquimia* se forma en
el lienzo, magia ante la vista.

Son las cóncavas curvas en la pintura
que recogen las palabras, los suspiros
y el palpitar de los efímeros corazones
que se atreven a acercarse por un instante.

Otros, desapercibidos, pasan
sin comprender la iridiscente llama interior.
Alquimia conecta, a través del color y la textura
con tu mirada, con la mano creadora y la piel.

Venecia, Veneto, Italia 26 de junio de 2015

SKIN

Jackson Pollock, intermittent strokes
drip your ideas on canvas. Strength in the brush.
Tridimensional eternal texture, *Alchemy* is your life,
Venice, your heart.

Color full of emotion is the canvas, transgressing the infinite
moment. Demons on the painted surface
reflection of internal energy. *Alchemy* forms on
the canvas, magic before the gaze.

They are concave curves in paint
that gather words, the sighs
and beating of ephemeral hearts
that dare to approach for an instant.

Others, unperceived, pass
without understanding the iridescent interior flame.
Alchemy connects, through its color and texture
with your gaze, with the creative hand and skin.

Venice, Veneto, Italy June 26, 2015

BORBOTONES DE LUZ

La fuente de voces tiene música líquida
emana desde el centro de los corazones
de jade.

Las voces armonizan y brota áurea energía.

Música y agua se unen esta noche,
llenan la escarlata atmósfera de notas
musicales, flotan en el aire.

Fuego y agua se unen en esta líquida oscuridad.

Deseos emergen de los reflejos del
sol de ayer en el agua. Tu nombre en voz
alta y el agua vibra.

Las voces se armonizan, fuego en espiral.

Bailan los borbotones de luz en la fuente
de música líquida. Haces de notas musicales
emanan del centro del agua.

Isla de Murano, Venecia, Veneto 26 de junio de 2015

BUBBLES OF LIGHT

The fountain of voices has liquid music
it emerges from within the hearts
of jade.

Voices harmonize and sprout golden energy.

Music and water are united tonight,
they fill the scarlet atmosphere with
musical notes, they float in the air.

Fire and water are united in this liquid darkness.

Desires appear from the reflections of
yesterday's sun in the water. Your name
out loud and the water vibrates.

Voices harmonize, the fire spirals.

Bubbles of light dance in the fountain
of liquid music. Bundles of musical notes
emerge from the center of the water.

Murano Island, Venice, Veneto, Italy June 26, 2015

PRISIONERO

Nunca tendría un pájaro enjaulado
nunca me han parecido bellos así
desde mi niñez lo pensaba.
Egoísta placer tener animales
traídos desde tierras lejanas
encerrados en reducidos espacios
apenas estirar las alas pueden.
En el encierro sus bellos plumajes
pierden. Otras veces dejan de cantar
o por el contrario, enloquecen trinando.
Controlar un ave a falta de claridad
en la propia vida, egoísta placer.
Insoportable humedad, triste sorpresa.
Hay un pájaro enjaulado
no me deja dormir.
Eterno, doloroso trinar
prisionero de Cronos.

Isla de Murano, Venecia, Veneto 27 de junio de 2015

PRISONER

I would never keep a caged bird
I've never found them beautiful like that
not even as a child.
Selfish pleasure having animals
brought from distant lands
confined to reduced spaces
barely able to spread their wings.
With confinement their beautiful plumage
is lost. Other times they stop singing
or just the opposite, chirp until crazy.
Controlling a bird without clarity
in one's own life is selfish pleasure.
Unbearable humidity, sad surprise.
There's a caged bird
that won't let me sleep.
Eternal, painful chirping
Cronus's prisoner.

Murano Island, Venice, Veneto, Italy June 27, 2015

SORBOS DE POESÍA

Sobre mi mesa poesía, aliento de la tarde.
Eugenio Montale al lado de una taza de café.
Color marrón de las sillas contrasta con el marfil
de las mesas.

En los costados, edificios anaranjados.
Plaza Margherita y viento entre las verdes hojas.
Las mesas se llenan y un par de niñas
dos idiomas diferentes, corren por la plaza.

Escucho francés, a mi izquierda alemán
inglés frente a mí, polifonía en el viento.
Anaranjado traslúcido en las mesas.
Disfruto los últimos sorbos de poesía.

Nubes blancas pintan el lienzo celeste.
Cajas de fruta a lo lejos, aroma a duraznos.
Oleaje de gente murmura sin cesar.

Poesía en mis ojos, leo unas líneas más
Degusto el último trago en mi taza.
Inhalo la dorada tarde antes de continuar.
Escucho el eco de mis pasos esta tarde.

Isla de Murano, Venecia, Veneto 28 de junio de 2015

SIPS OF POETRY

On my table poetry, breath of the afternoon.
Eugenio Montale beside a cup of coffee.
Brown color on chairs contrasts with the ivory
of the tables.

To the side, orange buildings.
Plaza Margherita and wind between the green leaves.
The tables fill and a couple of girls,
two different languages, run through the plaza.

I hear French, German to my left.
English in front of me, polyphony in the wind.
Translucent orange color of the tables.
I enjoy the last sips of poetry.

White clouds paint the celestial canvas.
Boxes of fruit in the distance, scent of peaches.
Swell of people murmuring without pause.

Poetry in my eyes, I read a few more lines
I savor the last drop of my drink,
inhale the golden afternoon before continuing.
I hear the echo of my steps this afternoon.

Murano Island, Venice, Veneto, Italy June 28, 2015

¿DÓNDE ESTÁS POESÍA?

Desnuda ante la página con agua
de esta laguna, corrientes secretas.
En unos días luna llena.

En ti me concentro, poesía
te invoco con imágenes llenas de color.
De entre las páginas te esfumas.

Misteriosa poesía, los delicados
hilos de plata que unen mi corazón
al tuyo son tan fuertes.

Lo había olvidado, lléname.
Te pienso y la luz me ciega.
Desnudas las manos en el papel.

¿Dónde estás poesía?

Poesía de otoño, secreta.
Poesía imposible, incomprensible.
Sólo poesía, eterna poesía.

¿Dónde estás poesía?

En las páginas nos encontramos
sin ninguna explicación.
Nacen los versos, nuestras sílabas.

Isla de Murano, Venecia, Veneto, Italia 28 de junio de 2015

WHERE ARE YOU, POETRY?

Naked before the page with water
from this lagoon, secret currents.
Full moon in a few days.

I concentrate on you, poetry.
I invoke you with images full of color.
You slip away between the pages.

Mysterious poetry, the delicate
silver threads binding
my heart to yours are so strong.

I had forgotten it. Fill me.
I think of you and the light blinds me.
You uncover your hands on the paper.

Where are you, poetry?

Autumn poetry, secret.
Impossible poetry, incomprehensible.
Only poetry, eternal poetry.

Where are you, poetry?

We find each other on the pages
without any explanation.
Verses are born, our syllables.

Murano Island, Venice, Veneto, Italy June 28, 2015

TAMBORINAS Y SONAJAS

Poseer lo bello cuando estamos vacíos
gran necesidad de acumular porque no
hay nada dentro.

La poesía me salva, así lo pienso.
No me libro de querer poseer lo bello
mas fuerza interna y guía me da la poesía.

El arte, la religión o el amor tienen ese don.
Dar un motivo y guía en este corto recorrido.
Poesía, sostén de mi vida.

Observo cómo teniéndolo todo
no se tiene nada y la búsqueda se vuelve
frenética y desesperada.

Aún en mí las frescas imágenes
de jóvenes Hare Krishnas en Florencia.
Tamborinas y sonajas alrededor del Duomo.

A lo lejos descubro la música y los cantos.
Veo los bailes y de pronto, oh sorpresa.
¿Es que acaso mi América está espiritualmente huérfana?

¿Nos llenamos con todo lo material?
¿Es que hay vacíos tan grandes que suplimos
los huecos con las compras?

No lo dudo. Compro, luego existo.
El tiempo es oro. Nuestro logo.
América adolescente.

Llenarte con poesía, arte
y amor, nunca demasiado amor
en estas horas, en esta era.

Isla de Murano, Venecia, Veneto 29 de junio de 2015

TAMBOURINES AND BELLS

Possessing beauty when we're empty
great need to accumulate because there's
nothing inside.

Poetry saves me, that's what I think.
I'm not free from wanting to possess beauty
but poetry grants me internal strength and guidance.

Art, religion and love have that gift.
Giving a motive and guidance on this short journey.
Poetry, pillar of my life.

I observe how having everything
means having nothing and the search becomes
frenetic and desperate.

Still within me the recent images
of young Hare Krishnas in Florence.
Tambourines and bells around the Duomo.

From a distance, I discover the music and songs.
I see the dances and suddenly, oh surprise.
Could it be that my America is spiritually orphaned?

Do we fill ourselves with everything material?
Are there chasms so large that we fill
the gaps with purchases?

I don't doubt it. I purchase, therefore I am.
Time is money. Our logo.
Adolescent America.

Fill yourself with poetry, art
and love, never too much love
at this time, in this era.

Murano Island, Venice, Veneto, Italy June 29, 2015

VACÍO

Cuando la vida está
fuera de control
se quiere controlar lo
poco que se pueda.

Horarios de comidas
seguir todos los pasos.
Espacio restringido.
Controlar la luz.

Sofocante humo
ruido del televisor.
¿Hay algo más agresivo
que esa imagen?

Ventanas cerradas y oscuridad
artificial luz azul.
Mi andar es temporal.
Vacío es lo que queda en este espacio.

Isla de Murano, Venecia, Veneto 29 de junio de 2015

EMPTINESS

When life is
out of control
you want to control
the little you can.

Meal times
follow every step.
Restricted space.
Control the lights.

Suffocating smoke
television noise.
Is there anything more aggressive
than that image?

Closed windows and darkness
artificial blue light.
My path is transitory.
Emptiness is what remains in this space.

      Murano Island, Venice, Veneto, Italy June 29, 2015

UNA GÓNDOLA PASA

Tomo refugio entre los libros de Anna
por un momento descanso y las horas pasan
renazco entre Hirschman y sus poemas líricos.

Cuánta sabiduría en sus reflexiones, vigentes letras
fluyen, agudas observaciones de nuestra América.
Movimiento en las páginas, a veces brusco, otras lento.

Encuentro la celebración al arte, a la música, a sus pasos
en otras tierras. Regocijo es leerlo y dejar fluir las ideas
escuchar sus sonidos, sentirlo.

Pequeños alephs, negros alephs son mi santuario esta
tarde de verano en Venecia.

Anna crea, escribe y revisa frente a sus hortensias
Pasolini espera el punto final mientras una góndola pasa.

Isla de Murano, Venecia, Veneto 30 de junio de 2015

A GONDOLA PASSES

I take refuge among Anna's books
rest for a moment and the hours pass
I'm reborn between Hirschman and his lyric poetry.

So much wisdom in his reflections, relevant letters
flow, pointed observations about our America.
Movement on the pages, at times abrupt, others slow.

I find the celebration of art, of music, of his travels
in others lands. Reading it, letting the ideas flow
hearing its sounds, feeling it is delight.

Small alephs, black alephs are my sanctuary this
Venetian summer afternoon.

Anna creates, writes and revises before her hydrangeas
Pasolini awaits the final period while a gondola passes.

Murano Island, Venice, Veneto, Italy June 30, 2015

ACQUA ALTA

Pies al aire en el canal Grande
de Venecia, media tarde y el sol quema.

Sentadas en un pequeño muelle
vemos las góndolas pasar.

Anna tararea alegremente
una canción. No me sorprende.

Caminamos hasta el *Acqua Alta*
llena de góndolas, tinas y botes.

Colmada de libros y un puente
de papel, librería clásica.

Sonrío sin preocupación
con tranquilidad respiro.

Me place saber que comparto
el proceso creativo.

Entre libros de arte y poesía
descanso en la fresca habitación.

Isla de Murano, Venecia, Veneto junio 30 de 2015

ACQUA ALTA

Feet in the air at Venice's Grand Canal
midafternoon and the sun scorches.

Sitting on a small quay
we see the gondolas pass.

Anna happily hums
a song. I'm not surprised.

We walk to the *Acqua Alta*
full of gondolas, bathtubs and rowboats.

Stuffed with books and a paper
bridge, classic bookstore.

I smile with satisfaction
breathing tranquility.

I'm pleased to know I share
the creative process.

Among books of art and poetry
I rest in the cool room.

Murano Island, Venice, Veneto, Italy June 30, 2015

ZAFIRO

Navega en el oscuro líquido
ríos de plata de la luna abren paso
a sus sentimientos, fluyen con ella.

El aire alborota su negra cabellera
ya no lucha contra el viento de fuego
lo deja traspasarla con su fuerza.

Venus en el cielo estival palpita
plata pura. Cíclopes de luz roja merodean
la nocturna laguna, buscan qué comer en la noche.

Ella los esquiva con destreza, no la notan.
Se entretienen con la nocturna caza.
Su delicadeza la salva, no les teme.

Abren sus bocas al sentir su aroma.
Los hechiza con sus versos. Ella sigue
su andar nocturno sobre la líquida obsidiana.

Ríos de argenta lunar le abren paso
a sus sentimientos, se transforma en sierpe
de zafiro puro, luego canta, canta, canta.

Isla de Murano, Venecia, veneto 30 de junio de 2015

SAPPHIRE

She sails in the dark liquid
rivers of silver from the moon make way
for her feelings, they flow with her.

The air musses her black hair
no longer fighting against the fiery wind
she lets its strength move through her.

Venus in the summer sky palpitates
pure silver. Red-lighted cyclopes prowl
the nocturnal lagoon, seeking food in the night.

She dodges them skillfully, they don't see her.
They're distracted by their nocturnal pursuit.
Her delicacy saves her, she doesn't fear them.

They open their mouths when they sense her aroma.
She enchants them with her verses. She continues
her nocturnal excursion on the liquid obsidian.

Rivers of lunar silver make way for
her feelings, she becomes a serpent
of pure sapphire, then she sings, sings, sings.

Murano Island, Venice, Veneto, Italy June 30, 2015

HUMO

Humo es su cuerpo.
Vapor de agua
que regresa al mar.

Noche de obsidiana líquida
lleva recuerdos revueltos
en las densas olas de jade.

El canto de las aves nocturnas la guía
Venus en el cielo la llama
ya es tarde para ella, ya es tarde.

Sigue su interminable andar en la laguna.
No encuentra la salida
no encuentra el mar abierto.

Los peces del abismo la llaman.
Hilos de fuego la jalan.
Humo es su cuerpo esta noche.

Descubre una escarlata llamarada
allá, en mar abierto.
Venus la guía con calma.

Las traslúcidas algas marinas
brotan del agua, se enredan
con su pelo negro.

Su voz las hechiza
en un instante, su cuerpo
de humo las burla.

El mar contesta con
su ronco rugido. La extraña.
Luna llena en el abismo.

Fuerza lunar la baña.
Navega con la espalda erecta
donde le esgrafía sus rayos.

Isla de Murano, Venecia, Veneto 1 de julio de 2015

SMOKE

Smoke is her body
Water vapor
returning to the sea.

Night of liquid obsidian
with memories comingled
in the dense waves of jade.

The song of nocturnal birds guides her
Venus in the sky calls her
it's late for her now, it's late.

She continues her endless journey through the lagoon.
She finds no exit.
She finds no open sea.

The fish in the chasm call her.
Threads of fire attract her.
Her body tonight is smoke.

She discovers a scarlet blaze
there, in the open sea.
Venus guides her calmly.

Translucent seaweed
sprouts from the water, it twists
in her black hair.

Her voice enchants it
in an instant the smoke
of her body evades it.

The sea answers with
its gruff roar. It yearns for her.
Full moon in the abyss.

Lunar force bathes her.
She sails with a straight back
where moonbeams sgraffito her.

Murano Island, Venice, Veneto, Italy July 1, 2015

MÚSICA COMO SENDERO

Noche sin viento.
Torcello de Atila
música en las frondas
de los árboles
tus púrpuras flores de aglio
mueren en el camino
lugar de pacífica bahía
donde las calzadas de piedra
están bajo el agua
Torcello romana, egipcia, bárbara
canal de agua, corrientes de historia
de mis propias lágrimas
a lo largo del canal un tango
música como sendero
cigarras y ranas en las ramas
el filo de la navaja corta el agua
he dicho tu nombre en voz alta
libertad descuidada
la luz se filtra por las persianas
trae tu imagen hasta mí
noche sin viento
luna llena pinta
brillantes labios.

Isla de Murano, Venecia, Veneto 2 de julio de 2015

MUSIC AS A PATHWAY

Windless night.
Attila's Torcello
music in the foliage
of the trees
your purple allium blossoms
die along the way
pacific bay
where stone paths
are under water
Roman, Egyptian, barbarian Torcello
canal of water, historical currents
of my own tears
along the entire canal a tango
music as a pathway
cicadas and frogs in the branches
the knife's edge slices the water
I've said your name out loud
neglected liberty
light filtering through the shutters
bring your image toward me
windless night
full moon paints
shiny lips.

Murano Island, Venice, Veneto, Italy July 2, 2015

ENTRE LÁPIDAS

En esta avenida acuática
la isla de San Michele una
y otra vez anunciada por el
paso frente a Caronte.

Final descanso, líquida paz.
Perdido entre lápidas encuentro
tu nombre, Ezra Pound.
Juegos de sílabas, aliteraciones al aire.

Tus cánticos se permean en la atmósfera.
Junto a ti Olga te acompaña. Húmeda
atmósfera, morada final. Agua de luna
llena opalescente paz.

Cánticos de hierro en tus versos.
Brodsky a tu derecha. Stravinsky
en otra sección. ¿Qué queda de nosotros
en esta tierra de agua?

Ecos poéticos de nuestra voz.
Pensamientos transferidos a la página.
¿Es que acaso iremos a la casa de las pinturas?
Húmedas sílabas.

¿Qué somos sino agua? Arden mis pezones
al decir tu nombre, arde mi piel con esta luz en
la isla. Hipérbole en la anaranjada flor.
Brota desde tu piel, solitaria metáfora.

Ningún pétalo es ajeno a esta tierra
tu nombre brilla con el sol del mediodía
en esta Isla de agua. Agua de luna llena.

Opalescente paz te rodea.
Iconografía lingüística eres
y en iconografía lingüística te
convertirás.
 Punto final.

Isla de Murano, Venecia, Veneto 1-2 de julio de 2015

AMONG HEADSTONES

On this aquatic avenue
the island of San Michele once
and again announced by
the passage before Charon.

Final rest, liquid peace.
Lost among headstones I find
your name, Ezra Pound.
Plays on words, alliterations in the air.

Your cantos permeate the atmosphere.
Olga remains alongside you. Humid
atmosphere, final abode. Water of full moon
radiant peace.

Cantos of iron in your verses.
Brodsky on your right. Stravinsky
in another section. What remains of us
in this land of water?

Poetic echoes of our voices.
Thoughts transferred to the page.
Could it be that we'll go to the house of paintings?
Humid syllables.

What are we except water? My nipples burn
upon saying your name, my skin burns with the light
of this island. Hyperbole in orange flowers.
Bloom from your skin, solitary metaphor.

No petal is distant from this land
your name shines with the noontime sun
on this Island of water. Water of full moon.

Radiant peace surrounds you.
Linguistic iconography you are
and to linguistic iconography
you will return.
 Full stop.

Murano Island, Venice, Veneto, Italy July 1-2, 2015

FELINO ANDAR

En círculo vuelan a su alrededor
no se mueve *Ocelocíhuatl*, el trinar se mezcla
con las campanadas de las siete y media
no cesan. Poco a poco se van perdiendo
en el cielo matutino las golondrinas y
el metálico sonido se acaba. La higuera
en su ventana está cargada. Murano hierve
muy temprano de mañana.

Anoche en la Giudecca, pintores y poetas
bajo el cielo de Venecia. Olas del acqua
alta arrastran los pensamientos en un
vaivén de recuerdos y hacia un futuro incierto.
Nueva York en la mente, Chicago
y Kansas City los confrontan. Berlín pasa
corriendo y Dublin se acuerda que aún hay
asuntos pendientes.

Pies para la eternidad quedan en las
cibernéticas imágenes, *Ocelocíhuatl* estuvo
allá, en el agua de Venecia. Salada realidad
acuática atmósfera, felino andar en la noche.
Se desplaza con seguridad, nada entre ideas.
Vive entre mundos, selva negra de su niñez y
agua alta de Venecia. Entre las planicies del
Midwest y humedad verde, jade transpira.

Isla de Murano, Venecia, Veneto 3 de julio de 2015

FELINE WALKING

They fly around her in circles
Ocelocíhuatl doesn't move, chirping combines
with the seven thirty bells
that don't stop. Little by little the swallows
are lost in the morning sky and
the metallic sound comes to an end. The fig tree
in her window is loaded. Murano boils
early in the morning.

Last night on Giudecca, painters and poets
beneath the Venetian sky. Waves of acqua
alta drag thoughts
in a seesaw of memories toward an uncertain future.
New York on her mind, Chicago
and Kansas City confronting recollection. Berlin
races by and Dublin remembers
issues still pending.

Feet remain for eternity in the
cybernetic images, *Ocelocíhuatl* was
there, on the Venetian water. Salty reality
aquatic atmosphere, feline walking in the night.
She moves with confidence, swimming between ideas.
Living between worlds, black jungle of her childhood and
acqua alta of Venice. Between the plains of the
Midwest and green humidity, jade seeps through.

Murano Island, Venice, Veneto, Italy July 3, 2015

OLAS DE TINTA

Crear, primera y última palabra del día.
Vivir con el impulso vital, latido
en el vientre, en la mano, transferido al
lienzo y al papel.

Este vivir guiado por las letras
por la belleza interpretada
desde mi punto de vista, traducida
a mis versos, mi paradigma.

La que me da placer por un instante.
Color late en las yemas.
En las pupilas, una nota musical.
Sílabas en el aire dan vueltas, giran.

Caen a la superficie de la laguna
tiñen de música el agua, se expanden
y fragmentan. Acto creativo.
Signos lingüísticos en las manos pulsan.

Desde las venas penetran las páginas
como profundas raíces negras.
Renacen en los versos, olas de tinta.
Música en el agua, impulso vital.

                Isla de Murano, Venecia, Veneto 4 de julio de 2015

WAVES OF INK

Creating, first and last word of the day.
Living with the vital impulse, heartbeat
in the belly, the hand, transferred
to the canvas and to paper.

This living guided by letters
interpreted by beauty
from my point of view, translated
to my verses, my paradigm.

It gives me pleasure for a moment.
Color beats in fingertips.
In pupils, a musical note.
Syllables turn, spin in the air.

They drop to the surface of the lagoon
painting the water with music, expanding
fragmenting. Creative act.
Linguistic signs pulsate in my hands.

They penetrate the pages from veins
like deep black roots.
They're reborn in verses, waves of ink.
Music on the water, vital impulse.

Murano Island, Venice, Veneto, Italy July 4, 2015

OPALESCENTE ESPUMA

Alfombra de zafiros
agua del Adriático
la luz penetra el dolor
la superficie acuática refracta
los fragmentos de vida, secretos perdidos
en la lacustre memoria.

Sólo yo y el mar, el mar y yo
nos vemos fijamente, las pupilas
se dilatan, el azurrado vapor
se absorbe por la piel, tiñe
el corazón de añil. Nacarada
espuma turquesa y áureo sol.

Renazco frente a ti Adriático
y me despido, al tiempo que canto
estas líneas. Mi tiempo se acaba
Cronos se esfuma, rompe las cadenas
que atan mis pensamientos.
Nada es eterno ni siquiera
la opalescente espuma.

Aspiro el último rayo del día
y la tarde se convierte en noche
noche de viento, de titilantes
estrellas en la bóveda obsidiana.
Te digo adiós alfombra de
zafiros de mil palabras
sutil aliteración en las olas.

Corazón de sangre turquesa
en mi mano palpita y se desangra
en la nacarada espuma, rayos
de sol bañan mi memoria
despiertan la caracola sagrada
la invocan, su canto me espera
mis desnudos pies tocan el agua.

Venecia, Veneto, Italia 5 de julio de 2015

IRIDESCENT FOAM

Carpet of sapphires
water of the Adriatic
light penetrates pain
the aquatic surface refracts
fragments of life, secrets lost
in the lacustrine memory.

Only me and the sea, the sea and me
we watch each other fixedly, our pupils
dilate, azure vapor
is absorbed by the skin, it tints
my heart indigo. Pearly
turquoise foam and golden sun.

I'm reborn before you, Adriatic
and I bid farewell, as I sing
these lines. My time is ending
Cronus vanishes, breaks the chains
that bind my thoughts.
Nothing is eternal not even
the iridescent foam.

I inhale the final light of the day
and afternoon turns to night
night of wind, of sparkling
stars in the obsidian dome.
I tell you goodbye carpet of
sapphires of a thousand words
subtle alliteration in the waves.

Heart of turquoise blood
beating in my hand and bleeding out
into the pearly foam, sunlight
bathes my memory
wakes the sacred conch
invokes it, its song awaits me
my bare feet touch the water.

Venice, Veneto, Italy July 5, 2015

EN LA ALTANA

Color guinda inunda las papilas gustativas.
Gengibre perfuma el paladar.

Un toque de tumérico baña mi boca
y en la mesa poesía solar.

Cantos y celebración a la vida
primeros instantes de amistad en la altana.

Alzo mi vaso a la poesía, por los versos
en la atmósfera, en el agua, en las ramas de
los verdes pinos, en las anaranjadas calles.

Debra brinda al unísono conmigo.
Festejamos el momento entre rojas y blancas flores.

El presente nos hincha de vida, el sol nos baña
con sus dorados rayos, la piel se torna bronceada.

Caminamos hacia el mar. Efímera playa nos espera.
Horizonte azul. Insurrección en los pasos.

Sonrisas, poesía y una bandera, arrastrada por el viento,
cruzan nuestras creativas miradas.

Venecia, Veneto, Italia, 5 de julio de 2014

ON THE ROOF TERRACE

Cherry color floods the taste buds.
Ginger perfumes the palate.

A touch of turmeric bathes my mouth
and on the table solar poetry.

Songs and celebration of life
first instances of friendship on the roof terrace.

I raise my glass to poetry, to the verses
in the air, in the water, in the branches of
the green pines, in the orange streets.

Debra toasts alongside me. We celebrate
the moment between red and white flowers.

The present makes us swell with life, the sun bathes us
with its golden rays, our skin begins to tan.

We walk toward the sea. Ephemeral beach awaits us.
Blue horizon. Insurrection in our steps.

Smiles, poetry and a flag, swept by the wind,
crossing our creative gazes.

Venice, Veneto, Italy July 5, 2015

ÚLTIMO MANTO

El oleaje me despierta
rumor de agua recorre
la ciudad de Venecia.

Canto oscuro y notas bajas
húmeda idea del silencio de la noche
aire ligero se desliza sobre mi piel.

La noche aún domina mis ojos.
El lenguaje de las gaviotas rompe
el silencio.

Flores violetas parpadean
en la oscuridad sus seductores
aromas.

Ya no hay densa agua en
los canales sólo un continuo
oleaje que susurra vida.

Los secretos de otros.
Noche sin luna y
ausencia de luz.

El amanecer aún no
rompe el último manto
de obsidiana, lo inhalo.

Espero la luz en silencio
áureos pensamientos.
Me integro al agua.

Venecia, Veneto, Italia 6 de julio de 2015

LAST CLOAK

The waves awake me
murmur of water traverses
the city of Venice.

Dark song and low notes
humid idea of the silence of the night
light-weight air slides
across my skin.

Night still dominates my eyes.
The language of the seagulls
breaks the silence.

Violet flowers flicker
in the darkness their seductive
aromas.

There's no longer dense water in
the canals just continuous
waves that whisper life.

The secrets of others.
Moonless nights
absence of light.

Sunset still doesn't
shred the last cloak
of obsidian, I inhale it.

I await the light in silence
golden thoughts.
I become one with the water.

            Venice, Veneto, Italy July 6, 2015

ECO SOBRE LOS PUENTES

Aves trinan al unísono
con la luz, primero rayos
luz violeta en el horizonte.

La mañana se expande
renace con los pasos
eco sobre los puentes.

Los sonidos de las calles
retoman sus ritmos
Venecia de los encuentros.

Puerta al oriente y occidente
contacto e intercambio llevan
tu sello, me despido de ti.

Venecia, Veneto, Italia, 6 de julio de 2015

ECHO OVER THE BRIDGES

Birds chirp in synch
with the light, first rays
violet light on the horizon.

Morning expands,
it's reborn with footsteps
echoes over the bridges.

Sounds of the streets
resume their rhythms
Venice of connections.

Door to the East and West
contact and exchange, carry
your seal, I bid you farewell.

Venice, Veneto, Italy July 6, 2015

AGUA

Agua de las fuentes brota
con cada inhalación se adhiere
agua de vida estás presente en las
células del cuerpo y átomos.

Agua evaporada sofocas en este
momento con el sol, densa atmósfera
en la que me muevo, agua que flota.
Agua que se abre, agua que salta.

Melodías de agua suenan en mi oído
susurran viento, viento que se mezcla
erosiona, que merma, hiende
se mete en la piel.

Pienso agua y emana a borbotones.
Me estremezco agua helada, agua sólida.
Deseos perdidos, agua recia, solidificados
sentimientos, agua pétrea, tremenda pérdida.

Venecia, Veneto, Italia 6 de julio de 2015

WATER

Water sprouts from fountains
with every breath it clings
water of life, you are present in the
cells of the body and atoms.

Evaporated water, you stifle in this
moment with the sun, dense atmosphere
in which I move, water that floats.
Water that opens itself, water that leaps.

Melodies of water resound in my ear
they whisper wind, wind that mixes
erodes, reduces, cleaves
penetrates the skin.

I think water and it gushes forth.
I shiver frozen water, solid water.
Lost desires, fierce water, solidified
sentiments, rocky water, terrible loss.

Venice, Veneto, Italy July 6, 2015

PAN Y ACEITE DE OLIVA

Ahí está Anna en la cocina
espera la pasta mientras lee poesía.
Un poema de su niñez.
Ella y su padre en un tren viajan.
Llevan pan y aceite de oliva
a su hermano en otra ciudad.
Atentamente escucho.
Mi tren pronto partirá.
Imagino a Anna y a su padre
sentados junto a mí.
Termina y me prepara
pan y aceite de oliva
para viajar.

El agua hierve a borbotones.

Venecia, Veneto, Italia 6 de julio de 2015

BREAD AND OLIVE OIL

There's Anna in the kitchen.
She awaits the pasta while reading poetry,
a poem of her childhood.
She and her father travel by train.
They take bread and olive oil
to her brother in another city.
I listen intently.
My train's leaving soon.
I imagine Anna and her father
sitting next to me.
She finishes and prepares me
bread and olive oil
for my journey.

The boiling water bubbles.

Venice, Veneto, Italy July 6, 2015

MILANO

Valioso el silencio en medio de la noche.
Apreciada la soledad donde escribo
Milano de Leonardo Da Vinci, de Miguel Ángel
he venido a pagar mi tributo, a leer
mi poema en la terraza del Duomo.

Camino por la ciudad y frente a mí
espléndida nívea figura.
Subo las escaleras, una a una, leo con
el tremendo sol de julio sobre mí.
Pendiente cumplido.

Milano, tanto por ver en tus espacios.
Leonardo, tu sala alberata me conmueve
cada hoja pensada, cada rama diseñada
con pasión. Los vegetales y verduras, tu estudio.
Los colores se abrazan y saltan a la vista.

Las ramas tocan mi cabellera
con la suave brisa.
Quiero volar con las aves.
La atmósfera, inundada de luz.
Tu mano, Leonardo, presente, aquí.

La Pieta de Rondanini por Miguel Ángel
trabajo inconcluso, fusión entre madre e hijo.
¿Quién es el muerto? ¿Acaso ella por el dolor?
La roca habla, piernas terminadas
torso inconcluso.

Ver el hilo de los pensamientos
transmitir sentimientos
Miguel Ángel, vuelves suave
cada línea en el mármol
lo domas con tus dedos.

El ritmo del cincel escucho
tu último aliento
en medio de crear la Pieta
como yo espero darlo con un poema.

Milán, Italia 7 de julio de 2015

MILAN

Valuable silence in the middle of the night.
I write in appreciated solitude
Milan of Leonardo da Vinci, of Michelangelo
I've come to pay my tribute, to read
my poem on the terrace of the Duomo.

I walk through the city and before me
splendid snow-white figure.
I ascend the stairs, one by one, I read
with the terrible July sun upon me.
Mission completed.

Milan, so much to see in your spaces.
Leonardo, your Sala delle Asse moves me
every leave considered, every branch designed
with passion. Vegetables and greens, your study.
Colors intertwine and leap to the foreground.

Branches touch my hair
with the soft breeze.
I want to fly with the birds.
The atmosphere, flooded with light.
Your hand, Leonardo, present here.

The Pietà Rondanini by Michelangelo
unfinished work, fusion between mother and child.
Which one is dead? Perhaps she is from the pain?
The rock speaks, legs finished
torso incomplete.

Seeing the thread of his thoughts
transmitting sentiments
Michelangelo, you make every
line in the marble soft
you tame it with your fingers.

I hear the rhythm of the chisel
your last breath
in the midst of creating the Pietà
as I hope to give mine alongside a poem.

Milan, Italy July 7, 2015

VIDA PORTÁTIL

No regreso a las torrenciales
lluvias de verano.

Ni al bosque de niebla y jungla.
Tierra del centro es mi destino.

Grandes praderas y cielos abiertos
trabajo en la mirada.

The Charleston Nine, presentes.
Matrimonio gay, un triunfo.

Problemas raciales, pendientes.
Migrantes, olvidados.

Honduras, crisis económica.
Grecia también.

Un muro en los
Balkanes se levanta.

Mi avión espera, equipaje de mano.
Vida portátil.

Todo es desechable.
Todo se recicla.

Café y brioche conmigo.
¡Es hora de partir!

Malpensa, Italia 8 de julio de 2015, 6:51 a.m.

PORTABLE LIFE

I'm not returning to the torrential
summer rains.

Nor the forest of fog and jungle.
The land of the center is my destiny.

Great meadows and open skies
work in the gaze.

The Charleston Nine, present.
Gay marriage, a triumph.

Racial problems, pending.
Immigrants, forgotten.

Honduras, economic crisis.
Greece alike.

A wall is built
in the Balkans.

My plane awaits, hand luggage.
Portable life.

Everything is disposable.
Everything can be recycled.

Coffee and brioche with me.
It's time to go!

Malpensa, Italy July 8, 2015, 6:51 a.m.

DENTRO DE LAS MANOS

Dentro de las manos la magia
me trajo un mago a Italia
hoy las mueve para darme
la bienvenida en este último viaje.

Mismo mago, otra magia
hace mi camino placentero y sonrío
los niños se divierten igual que yo.
Me acomodo en el asiento.

Ausencia y silencio. Dejo que
su magia me dé vida. Cierro los
ojos y dos largas lágrimas escurren
sobre cada una de las mejillas.

Dentro de las manos, la magia.

Malpensa, Milán, Italia 8 de julio de 2015

WITHIN MY HANDS

Within my hands magic,
a magician brought me to Italy.
Today he moves them to welcome
me on this last trip.

That same magician, another magic,
makes my journey pleasant and I smile.
The children have fun like me.
I settle into my seat.

Absence and silence. I let
his magic give me life. I close my
eyes and two long tears slip
down each of my cheeks.

Within my hands, magic.

Malpensa, Italy July 8, 2015

CORAZÓN DE AGUA

Corazón de agua gira
origen del universo
borbotones de historia líquida
zafiros de las entrañas de la tierra
se desbordan por doquier
el agua canta en su nacer
en su correr por las arterias
fuente redonda, chorro de fuerza
fuente de vida, ecos lacustres
centro de la tierra, universo de agua
baila con la corriente, penetra las grietas
llena la fuente que sana, que baña, que
lava el dolor, gira agua en mi tintero, penetra
esta página blanca, márcala e inserta tus raíces
líquidas, expande la vida, fluye, fluye, canta, canta
agua, corazón de agua gira, chorro de fuerza
eco lacustre, báñame, vibra, llévate el dolor.

En el aire, 8 de julio de 2015

HEART OF WATER

Heart of water spins
origin of the universe
effervescent liquid history
sapphires from the bowels of the earth
they overflow everywhere
the water sings as it's born
as it runs through the arteries
round fountain, forceful stream
fountain of life, lacustrine echoes
center of the earth, universe of water
dance with the current, penetrate the cracks
fill the fountain that cures, that bathes, that
washes the pain, twirl water in my inkwell, penetrate
this blank page, mark it and insert your liquid roots,
expand life, flow, flow, sing, sing
water, twirl heart of water, forceful stream
lacustrine echo, bathe me, vibrate, take away the pain.

In the air July 8, 2015

Xánath Caraza teaches at the University of Missouri-Kansas City and presents readings and workshops in Europe, Latin America, and the U.S. She is the Writer-in-Residence at Westchester Community College, New York. Caraza is the recipient of the 2014 Beca Nebrija para Creadores, Universidad de Alcalá de Henares in Spain. She writes for *La Bloga, Periódico de Poesía, Revista Literaria Monolito*, The Smithsonian Latino Center, and *Revista Zona de Ocio*. Her book of poetry *Syllables of Wind / Sílabas de viento* received the 2015 International Book Award for Poetry. It also received Honorable Mention for best book of Poetry in Spanish in the 2015 International Latino Book Awards. Her books of verse *Ocelocíhuatl, Conjuro* and her book of short fiction *What the Tide Brings / Lo que trae la marea* have won national and international recognition. Her other books of poetry are *Tinta negra: Black Ink, Noche de colibríes, Corazón pintado*, and her second short story collection, *Pulsación*, is in progress. She was named number one of the 2013 Top Ten "New" Latino Authors to Watch (and Read) by LatinoStories.com. For the José Martí Publishing Awards, The National Association of Hispanic Publications (NAHP), she has been a judge since 2013. Caraza curates NaPoMo (National Poetry Month) for Con Tinta Literary Association since 2012.

www.ingramcontent.com/pod-product-compliance
Lightning Source LLC
Chambersburg PA
CBHW030333030726
47499CB00003B/749